Falk Wieland

TAUCHREISEFÜHRER OSTSEEINSELN

Falk Wieland

TAUCHREISEFÜHRER OSTSEEINSELN

Delius Klasing
EDITION NAGLSCHMID

Alle in diesem Buch enthaltenen Angaben, Daten, Ergebnisse usw. wurden von den Autoren nach bestem Wissen erstellt und von ihnen und vom Verlag sorgfältig überprüft. Gleichwohl können inhaltliche Fehler nicht vollständig ausgeschlossen werden. Daher erfolgen die gemachten Angaben, Daten, Ergebnisse usw. ohne jegliche Verpflichtung oder Garantie des Autors oder des Verlags. Weder die Autoren noch der Verlag übernehmen irgendeine Verantwortung und Haftung für etwaige inhaltliche Unrichtigkeiten.

Geschützte Warennamen und Warenzeichen werden nicht besonders gekennzeichnet. Aus dem Fehlen solcher Hinweise kann nicht geschlossen werden, dass es sich um freie Warennamen bzw. freie Warenzeichen handelt.

Die Deutsche Bibliothek – CIP-Einheitsaufnahme

Wieland, Falk:
Tauchreiseführer Ostseeinseln / Falk Wieland. –
Bielefeld: Delius Klasing; Stuttgart: Ed. Naglschmid, 2001
(Tauchreiseführer; 31)
ISBN 3-89594-079-8

1. Auflage
ISBN 3-89594-079-8

Herausgeber: Dr. Friedrich Naglschmid / MTi-Press
Titelfoto: Falk Wieland
Fotos: Sabine und Falk Wieland
Druck: Kunst- und Werbedruck, Bad Oeynhausen
Printed in Germany 2001

Vertrieb: Delius Klasing Verlag, Siekerwall 21, D-33602 Bielefeld
Tel.: 0521/559-0, Fax: 0521/559-113
e-mail: info@delius-klasing.de
http://www.delius-klasing.de

Inhalt

Vorwort

Liebe Taucherinnen und Taucher,

beinahe unermesslich weit erstreckt sich der hellblaue Wasserspiegel der Ostsee, wenn Sie die Geheimnisse der verschiedenen Ostseeinseln zu ergründen versuchen. Durchsichtiges Wasser wogt auf die Küste zu, lässt hellgrüne Blasentangfelder elegant wippen und sprüht silbern über bizarre Felsen. Die Luft ist salzig und klar; kreischend jagen Wasservögel nach Fischen. Sie können aufatmen. Sie sind angekommen. Am Baltischen Meer und – bei sich selbst. Heiter und entspannt nehmen Sie jedenTag mehr Dinge wahr, die es zu entdecken, zu erleben gibt.
Wir alle kennen jenen Ausspruch, reif für die Insel zu sein. Das Dasein auf einer von der Alltagshektik abgeschnittenen Insel erscheint uns von Zeit zu Zeit erstrebenswert. Über all den Reiseangeboten vergessen wir zuweilen, dass wir mit den größeren Inseln inmitten der guten alten Ostsee wahre Kleinode vor der Haustür liegen haben. Fehmarn, Rügen, das dänische Bornholm, das schwedische Gotland und der finnische Inselarchipel Åland sind im kulturellen Sinne Ländchen für sich und bieten uns Tauchern zudem erstaunliche Möglichkeiten für Entdeckungen am Meeresgrund. Und diese Entdeckungen sind vielfältig; können vom gut erhaltenen Großseglerwrack über das untergegangene Fährschiff bis hin zu naturkundlichen Beobachtungen reichen.
Weltweit gibt es kein Meer, das der Ostsee ähnlich ist. Das Baltische Meer hat nur schmale Verbindungen zu Nordsee und Atlantik, erhält von dort ein wenig ozeanisches Salzwasser, aber gleichzeitig strömt Süßwasser aus etwa 250 Flüssen ein. Das entstehende Brackwasser ist deutlich salziger als ein Binnensee, aber es hat oft nur ein Viertel des ozeanischen Salzgehaltes, und in der östlichen Ostsee noch weniger.
Diese theoretisch anmutenden Fakten haben für das Leben unter Wasser erstaunlich reale Folgen: Sie werden Süßwasserbewohner und Arten des Meeres Seite an Seite beobachten können. Nirgendwo lassen sich sonst Hechte und Dorsche, Flundern und Barsche oder Heringe und Plötzen in einem Biotop beobachten. Wo sonst könnten Sie Laichkraut und Blasentang vergesellschaftet unter Wasser finden? Der geringe Salzgehalt macht die Ostsee außerdem zu einer archäologischen Schatzkammer voller gut erhaltener Wracks: Hier können die untergegangenen Schiffe weder vom Bewuchs noch vom Schiffsbohrwurm zerstört werden. »Wrack pur« überall…
Weil der Salzgehalt der Ostsee für marine Arten zu gering und für Süßwasserformen zu hoch ist, konnte sich aus beiden Gruppen nur eine begrenzte

Zahl von Arten anpassen. Darüber hinaus hatten diese Arten – gemessen an den über Jahrtausende relativ konstanten Bedingungen in den Ozeanen – nur wenig Zeit zur Besiedelung des Ostseeraumes. Denn das Ostseebecken ist in seiner heutigen Form erst seit etwa 10.000 Jahren geflutet.
Deshalb gilt die Ostsee als ein junges Meer. In unbeeinflussten Gebieten ist das baltische Meer klar und nährstoffarm wie ein oligotropher Binnensee, ist empfindlich und instabil, in Entwicklung begriffen, ein geologischer Teenager. Erleben Sie »sweet little sixteen« unter Wasser, ein Meer wie kein anderes auf unserem Planeten.

Pulsnitz im Frühjahr 2001
Falk Wieland

Vor Westfehmarn können wir bei Nachttauchgängen dem Petermännchen begegnen.

Danksagung

Die Ostsee gilt als schönes und interessantes Meer. Aber sie kann auch launisch sein; mit kurzen harten Wellen, gefährlichen Unterströmungen und sehr wechselhafter Sicht unter Wasser. Die Ostsee ist ein kaltes Meer, die Saison für das Nasstauchen ist kurz, und Trockentaucher sollten hier nicht unbedingt ihre ersten Versuche anstellen.

Es würde wohl ein ganzes Menschenleben erfordern, alles das aufs Neue zu erkunden, was die Menschen vor Ort längst wissen. Die Position der Tauchplätze, die Kenntnis, zu welcher Jahreszeit was wo zu beobachten ist. Gastfreundliche Menschen ließen mich an ihrem Wissen teilhaben, und ich fühle mich zu Dank verpflichtet. Ich danke an dieser Stelle herzlich allen Tauchbasen, Tauchlehrern, Diveguides, Schiffsbesatzungen und Tauchpartnern, die in irgendeiner Weise zum Gelingen dieses Buchprojektes beigetragen haben. All meinen Freunden in Deutschland, Dänemark, Schweden und Finnland.

Für ihre Hilfe bei Recherchen und der Beschaffung historischen Bildmaterials danke ich Herrn Kapitän Hans-Georg Müller, MS TORVAN, Herrn Kapitän Karl-Heinz Hanke, MS ARTUR BECKER, Herrn Michael Töpfer, Tauchlehrer auf MS ARTUR BECKER, Herrn Dr.-Ing. Gerd Niedzwiedz, Rostock, Herrn Dr.-Ing. Uwe Richter, Rostock, Herrn Göran Ankarlilja, Marinearchäologe auf Gotland, Herrn Kjell Andersson, Gotland, Herrn Kapitän Henrik Karlsson, Direktor des Åland Maritime Museum und Herrn Richard Johansson von Ålands Dykcenter.

Die Bilder dieses Buches hat der Fotograf geschaffen? Ja und nein. Denn der Fotografierende ist auf einen guten Tauchpartner angewiesen. Meist (am liebsten) auf eine sichere Tauchpartnerin, die allzu riskante Fotoarbeiten in der Tiefe sinnvoll moderiert, die sich in das erwünschte Bild hineindenken, hineinfühlen kann, und das in den kurzen Augenblicken der Unterwasserarbeit. Eine Tauchpartnerin, die sich unter Wasser graziöser bewegt als jeder Mann; auch im Trockenanzug. Und die düstere Seite der Ostsee ebenso gelassen nimmt wie Dekompressionszeiten….

Ich danke sehr herzlich meiner Frau Prof. Dr. Sabine Wieland, Pulsnitz, der Biologiestudentin Anne Katrin Deuter, Levenhagen bei Greifswald, und der Tauchlehrerin Linda Hansson, Visby auf Gotland, für viele gemeinsame Ostseetauchgänge. Danke, Mädels! Und beende dieses Buch mit den besten Wünschen für alle Ostseetaucher und ganz besonders für dich, Taucherin, die du das unendliche nordische Abenteuer mit mir fortsetzen möchtest. Auf bald am Baltischen Meer!

Falk Wieland

Oben links: Geheimnisvoll unterspültes Hochufer an der Ostküste Fehmarns.
Oben rechts: Lustiges Tauchertreiben an Bord des Tauchkutters NEPTUN.
Mitte links: So sehen die Wissower Klinken in Realität aus.
Mitte rechts: Bornholm ist dänische Gemütlichkeit pur.
Unten links: Traditionelle Fischersiedlung (Fiskeläge) an Gotlands Küste.
Unten rechts: Die Åland-Inseln, eine Schärenlandschaft mit rund 1600 Inseln.

I. Fehmarn und die Lübecker Bucht

»Wir fahren nach Europa«, spricht der Fehmarner, wenn er die geliebte Insel Richtung Festland verlassen muss. Und die verlässt er nicht gern, denn sie ist nachweislich eine Sonneninsel mit wenig Niederschlägen. Fehmarn ist der »sechste Kontinent«; 185 Quadratkilometer groß, eine ebenso flache wie originelle Insel. Über die hoch geschwungene Fehmarnsundbrücke, die im Inselslang liebevoll »der Kleiderbügel« heißt, erreichen Sie rasch 77 Kilometer unverbaute, frei zugängliche Ostseeküste. Eine Küste, die im Osten von malerischen Steilufern, im Norden von Strandseen und Sümpfen sowie im Westen von Badestränden geprägt wird.
Im Inland wird Fehmarn völlig von der Landwirtschaft bestimmt, Felder – mal rapsgelb, mal grün – wurden ebenso zum Markenzeichen der Insel wie zahlreiche Bauernhöfe mit »richtigen Tieren«, woran Kinder ihre helle Freude haben. Fehmarn ist nicht allein ein Tauchparadies für Ostseeliebhaber, auch Surfer kommen hier voll auf ihre Kosten. Man kann segeln, angeln, Rad fahren, Wasservögel beobachten und die »Seele baumeln« lassen. Das Eiland in der Ostsee hat viele Gesichter: Im Frühling herrscht die Rapsblütenkönigin, im Sommer gibt's die Insel der Leuchttürme und Hafenfeste, im Herbst versammeln sich Deutschlands Harley-Davidson-Liebhaber. Die Insel hat über den Sommer eine sehr lebhafte Musikszene in Jazz und Rock, und wer weiß schon, was einst Jimi Hendrix bewegte, als er das letzte Konzert seines Lebens bei Flügge auf Fehmarn gab?
Fehmarn ist ideal für den Familienurlaub. Ferienwohnungen und Zeltplätze sind die Unterkunft der Wahl, und das Preisniveau bleibt im Rahmen. Und in der Saison bietet die Inselhauptstadt Burg auf Fehmarn mit nordisch-herbem Charme sogar einen Hauch von Nachtleben …

1. Die Bucht von Blankeck

Der Reigen wunderbarer Ostseetauchplätze rund um Fehmarn beginnt bereits weit westlich des Fehmarn-Sundes mit der Bucht von Blankeck. Winzige Fahrstraßen und Landwege führen zu diesem verborgenen Platz an der Küste. Die Anfahrten sind gesäumt von vogelreichem Gebüsch, das einst die Vorfahren als Windschutzstreifen für ihre Felder angelegt haben mögen. Nur manchmal erhebt sich eine gewaltige solitäre Weide aus dem Ackerland …
Sie finden diesen Tauchplatz leicht, indem Sie von Heiligenhafen-Zentrum über Dazendorf, Johannistal und Neuteschendorf zum Campingplatz Blankeck fahren. Zwischen dem Zeltplatz und dem westlich daran anschließenden Bundeswehr-Gelände gibt es einen kleinen Parkplatz.

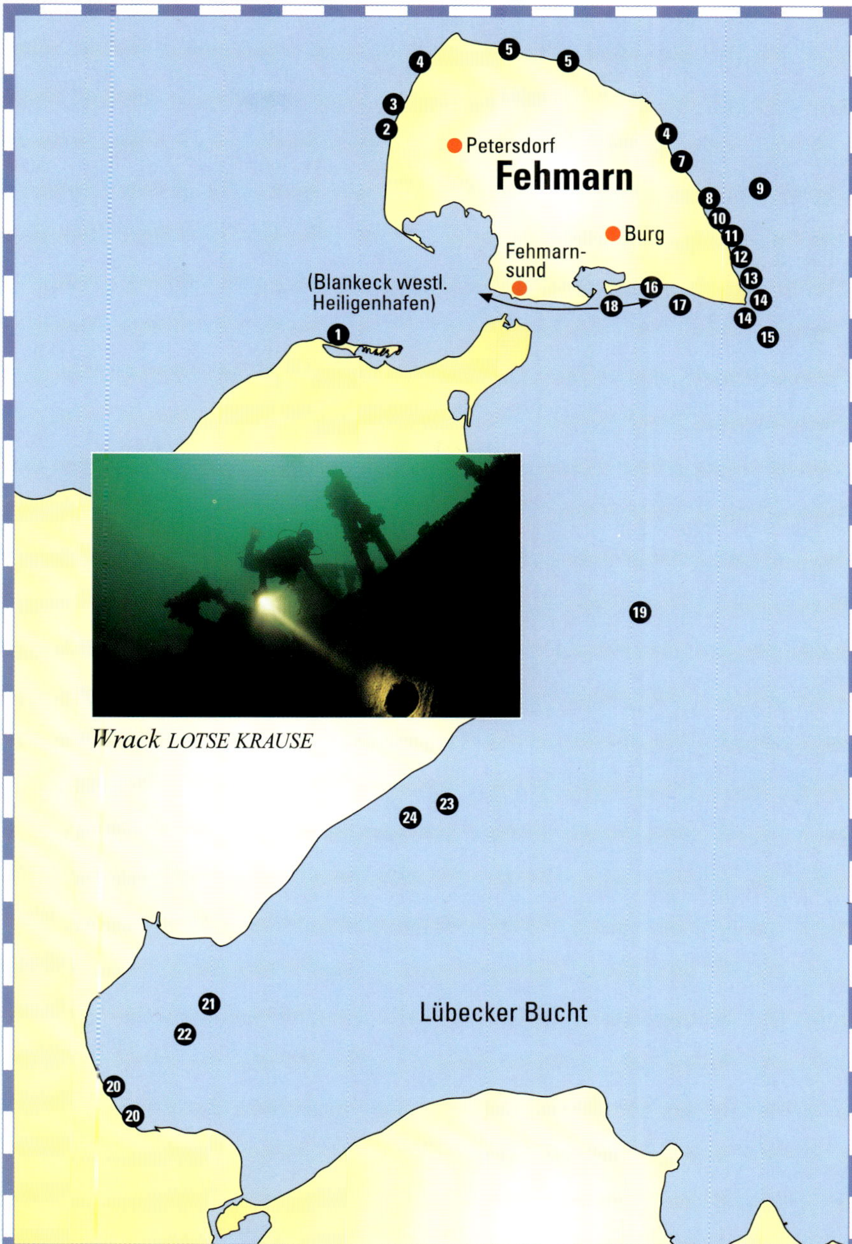

Wrack LOTSE KRAUSE

Kurioserweise liegt der Campingplatz Blankeck in einer wunderbaren Küstenlandschaft, aber auch »auf Tuchfühlung« mit einem Schießplatz der Bundeswehr. Schräg über die Bucht liegen die Sperrgebietstonnen, die Badenden und Wassersportlern das Ende des Bundeswehrareals auf dem Wasser zeigen sollen. Es lässt sich leicht vermeiden, in das gesperrte Gebiet hineinzutauchen. Das sollte vor allem dann beachtet werden, wenn der Leuchtturm der Bundeswehr mittels roter Lichtsignale Schießbetrieb signalisiert.

Die Bucht von Blankeck besitzt am Ufer einen angenehmen Sandstrand. Außerdem existieren kleine Natursteinmolen, an denen sich im Unterwasserbereich Roter Gabeltang und Blasentang im Wellengang wiegen. Dort sind in Schnorcheltiefen viele kleine Tiere zu beobachten. Über dem vermeintlich langweiligen Sandboden entdecken wir immer wieder Flundern und Schollen. Durch das Flachwasser ziehen hier häufig die bandförmigen, im Sonnenlicht glitzernden Schwärme der Sandaale.

In zwei bis vier Meter Tiefe geht der pure Sand langsam in lockere Findlingsfelder über. Viele der Steine tragen »blickdichte Hauben« aus Sägetang und Meersalat. Bei Tageslicht verstecken sich darin gern junge Dorsche.

Blankeck ist einer der wenigen Ostseetauchplätze rund um Fehmarn, an dem man von Land aus tauchend mehr als 10 Meter Tiefe erreichen kann. In vier bis 11 Meter Tiefe tauchen wir lange über einen welligen Meeresboden, den die Natur beinahe flächendeckend mit kleinen Findlingen und daran haftenden Miesmuschelbänken gestaltet hat. Diese Miesmuscheln sind die Nahrungsbasis für all die Seesterne, die wir vor Blankeck in großer Zahl finden. Im relativ salzreichen Ostseewasser westlich von Fehmarn sind diese Seesterne dann auch deutlich größer als etwa vor Timmendorf oder Wismar. Mehr als handgroße Exemplare sind hier keine Seltenheit.

In den Findlingsfeldern von Blankeck beobachten wir sogar bei Tageslicht pfannengroße Steinbutte und träge Seeskorpione. Die Seeskorpione können bei Tage so lethargisch sein, dass man sie zur genauen Betrachtung – ähnlich wie die Aalrutten des Süßwassers – einfach auf die Handfläche heben kann. Natürlich sollte der bizarre Fisch danach wieder vorsichtig in sein angestammtes Revier zurückgesetzt werden.

Das schönste vor Blankeck sind jedoch die Meersaiten. Dunkel gelb bis goldbraun gefärbt, schwanken die weich und wuschelig aussehenden Ranken in der sanften Dünung der Tiefe. Oder ringeln sich geradezu lasziv am Grunde. Viele Steine haben längst eine »blonde Perücke« aus Meersaiten. Meersaiten sind olivbraun bis gelb gefärbte Braunalgen, deren Stängel zum Teil mit Luft gefüllt sind. Vor Blankeck stehen überwiegend die goldbraunen Zottigen Meersaiten am Ostseegrund. Diese Meersaiten sind meist ein bis zwei Meter lang und mit dicht stehenden seidigen Härchen besetzt. Die dunkelbraune Gemeine Meersaite kann sogar drei bis vier Meter lang werden.

Dieses Massenvorkommen der goldbraunen Meersaiten ist das Geheimnis von

Oben links: Vor Wallnau sind uralte Holzbuhnenreihen erhalten.
Oben rechts: Dieser aggressive Seestern beginnt eine Muschel zu öffnen.
Unten links: Der Seeskorpion ist so träge, dass man ihn genau betrachten kann.
Unten rechts: Auch atlantische Arten wie der Leng gibt es um Fehmarn.

Blankeck. Ein wunderbarer Anblick, der sich von Jahr zu Jahr verschieden intensiv immer wieder bietet. Wenngleich diese Meeresalgen bei Sonnenlicht am schönsten wirken, würde sich auch ein Nachttauchgang lohnen. Die Bucht von Blankeck eignet sich vorzüglich, um bei Dunkelheit auf dem Sand und an Findlingen hervorragend freigestellte Ostseefische auf den Film zu bannen. *Infos: Tauchbasen 5 und 8.*

2. Wallnau – Miniaturen am Ostseegrund

Über Landkirchen und Petersdorf fahren Sie nach Westfehmarn. Sie streifen Bojendorf am Südzipfel des Ortes und erreichen bald den Strandcampingplatz Wallnau. Den großen Parkplatz an Campingplatz und Gaststätte »Wallnauer Hof« nehmen Sie nicht in Anspruch. Sie fahren weiter in Richtung Ostsee. Und biegen erst unmittelbar vor der Düne links ab in Richtung der Schleuse Wallnau und des Infozentrums vom Wasservogelreservat Wallnau.

Zwischen dem Röhricht von Strandseen und dem Waldrand finden Sie einen weiteren kleinen gebührenpflichtigen Parkplatz. Dieser liegt der Ostsee am nächsten. Hier kann man in Ruhe einen Tauchgang vorbereiten. Ein offizieller Pfad führt durch das Röhricht eines verlandenden Strandsees zum Dünenübergang. Nach etwa 100 Meter Fußweg liegt die Ostsee vor Ihnen.
Der Strand vor Wallnau ist steinig und besitzt Reste von altertümlichen, stark vom Meer angegriffenen Holzbuhnen. Gar nicht weit vom Ufer steht man schon bis zum Hals im Wasser. Aber der Meeresboden fällt leider nicht weiter so steil ab. Vor Wallnau können selbst ausdauernde Langstreckenschwimmer nur riesige Flächen abtauchen, aber nicht mehr als 3–5 Meter Tiefe erreichen.
Bei ablandigem Wind ist das Meer vor Wallnau oft glasklar. Weithin sehen wir hübsche Findlinge, überaus bizarre Blasentangbüsche und Sägetangbäumchen. Hier leben verschiedene kleine Meeresschnecken, Nord- und Ostseegarnelen, Dorsche, Flundern und Schollen. Die Chance ist groß, Meerforellen und Hornhechte zu sehen. Jeder Findling ist ein Universum für sich, trägt hellgrünen Meersalat zur Schau, schmückt sich mit Rotem Gabeltang oder ein paar kleinen Meersaiten. Wir beobachten hier einzelne Seehasen, Grundelschwärme, Ohren- und Feuerquallen sowie sehr variabel bewachsene Reusenpfähle. Wobei das mit den Reusenpfählen nicht eindeutig zu sagen ist, denn einige Taucher wollen vor Wallnau auch schon Reste von Pfahlbauten gesehen haben.
Vor allem unter überhängenden Steinflächen verbergen sich die hübschen Miniaturen der Ostsee; etwa drei Arten Meeresschwämme als vielzipfelige Gebilde oder flache Krusten und geradezu gläserne Moostierchenkolonien. An allen Tauchplätzen westlich von Fehmarn können wir Taucher das Glück haben, auch atlantische Fischarten wie den Leng oder das Petermännchen zu Gesicht zu bekommen. Trotz der geringen Tiefe erlebt der Naturbeobachter wunderbare Tauchgänge vor Wallnau. Die angenehme Unterwasserlandschaft lässt so etwas wie Wellness unter Wasser aufkommen. *Infos: Tauchbasen 1 und 4.*

3. Bojendorf – Mergeltürmchen und Tange

Gar nicht weit von Wallnau erreichen Sie über eine vom nördlichen Ortsende Bojendorfs ausgehende Straße einen weiteren Parkplatz in Wassernähe, der sich für unkomplizierte Ostseetauchgänge eignet. Allerdings stehen die Autos hier nördlich von Bojendorf in der prallen Sonne, und der Weg zum Wasser ist etwas weiter als bei Wallnau.
Nach dem Einstieg über einen steinigen Strand sind auch hier reich bewachsene, relativ kleine Findlinge auf Sand oder feinem Kies zu bewundern. Dieser Untergrund ist ideal für Fotografen, die Makroaufnahmen von sehr kleinen Tieren und Pflanzen gestalten wollen. Man kann sich über sandigen, unbe-

Der Gabelzweigtang ist ein stabiles, federndes Gewächs.

wachsenen Arealen unbesorgt auf den Meeresgrund sinken lassen, ohne etwas aufzuwirbeln oder gar zu zerstören.

Diverse verschiedenfarbige Tangarten sind hier ebenso zu finden wie Schwämme, Schnecken sowie Schwimm- und Sandgrundeln. Besonders interessant erscheinen vor Bojendorf einzelne halbmeterhohe Mergelbänke und bizarre keulenförmige Gebilde aus Stein und Mergel.

Im Mergel sind zahlreiche fingerdicke Löcher oder Eingänge zu sehen. Diese sind jedoch nicht durch den Angriff des Ostseewassers entstanden, sondern durch Tiere! Immer wieder stoßen tauchende Biologen auf bisher nicht bekannte, vermutlich erst in jüngerer Zeit in die Ostsee eingewanderte Tierarten. Zu diesen zählt auch die Weiße Bohrmuschel *Barnea candida*, die sich gern in Mergelbänken ansiedelt. Erstaunlicherweise besiedelt diese Muschel jedoch auch weitgehend verödete Lebensräume wie etwa ehemalige Verklappungsgebiete der Ostsee – wo abgekipptes Baggergut die ursprünglichen Lebensräume zerstört hat.

Mit zahlreichen Nordseegarnelen gesegnet und seinen immer wieder einmal zu beobachtenden Hornhechten ist der Tauchplatz vor Bojendorf einen ausgedehnten Unterwasserausflug wert. Zwischen Bojendorf und Wallnau können Taucher in geringen Wassertiefen mehrere Reusen ansehen. Bedenken Sie jedoch, dass die Berufsfischer mit ihren Kuttern auch in sehr flaches Wasser vorstoßen, wenn die Reusen geleert werden müssen. Achten Sie auf Motorengeräusche. Die geringen Tiefen erlauben es jederzeit, aufzutauchen und sich umzusehen. Führen Sie eventuell eine Boje mit. *Infos: Tauchbasen 1 und 4.*

4. Westermarkelsdorf – Das Nordwestkap

Bei Westermarkelsdorf befinden Sie sich nahezu an der Nordspitze der Insel Fehmarn. Der Ort hat einen kleinen Leuchtturm und wird von vielen Gästen der Insel aufgesucht, um auf dem Dünenweg angenehme Wanderungen im Seewind zu unternehmen. Dabei spaziert man zwischen ausgedehnten Strandseen, raschelnden Röhrichtflächen und der in der Ferne sichtbaren Ostsee dahin und kann jede Menge Wasservögel beobachten.

Bei Westermarkelsdorf können Sie etwa 100 Meter vom Wasser entfernt parken und Ihren Taucheinstieg vorbereiten. Der Meeresboden besteht an diesem Platz aus purem Sand mit wenig Aufwuchs. Überwiegend sind Plattfische zu beobachten. Der interessanteste Punkt in der Westermarkelsdorfer Unterwasserlandschaft ist ein sehr großer stählerner Festmacher für Schiffe, der sich etwa 100 Meter vom Ufer befindet. Die gewaltige Stahlsäule steht mittlerweile für Schiffe unbenutzbar schräg und endet am Meeresgrund in einer Steinschüttung.

Auf dieses Angebot eines Hartsubstrates inmitten weiter Sandfelder haben sich Tiere und Pflanzen regelrecht gestürzt. An diesem Dalben wachsen grüne, rote und braune Tange, es gibt Miesmuscheln, versteckt lebende Seeskorpione und bunte Butterfische. Bemerkenswert sind die Vorkommen wunderschöner Kolonien von Keulenpolypen *Clava multicornis*. Die eigentlichen Polypen haben von etwa 20 Tentakeln umgebene gelbliche bis rötliche »Köpfchen« und stehen auf höchstens streichholzlangen Stöckchen.

Seewärts blickend links vom Dünenübergang sind im Flachwasser einige zerklüftete Mergelrippen zu besichtigen. Westermarkelsdorf ist eine häufig sturmumtoste »Ecke« von Fehmarn, und so findet man hier auch einige – leider völlig flach liegende – Wrackteile aus Holz und Stahl.

5. Teichhof und Niobe – Die sandigen Strände

Die Nordküste von Fehmarn ist durch ein besonders ausgeprägtes System von Strandseen, Tümpeln, Sümpfen und Feuchtwiesen gekennzeichnet. Deshalb ist der Ostseestrand dort nur schwer zu erreichen, und es handelt sich auch überwiegend um flache, wenig abwechslungsreiche Sandstrände. Bei den Campingplätzen am Teichhof und beim NIOBE-Denkmal gibt es geeignete Parkplätze für alle, die sich auch diesen Teil der Fehmarner Strände einmal unter Wasser ansehen möchten.

Ein weißer Signalmast erinnert an den Untergang des deutschen Segelschulschiffes NIOBE am 26. Juli 1932. Das Segelschiff der Reichsmarine kenterte durch eine Fallbö innerhalb von zwei Minuten, und 65 Menschen ertranken. »Es ist nicht nötig, dass ich lebe, wohl aber, dass ich meine Pflicht tue«, ist auf dem umstrittenen Gedenkstein zu lesen.

Im Grunde genügt es, seewärts vor dem NIOBE-Denkmal einen leichten Nassanzug zu verwenden und schnorcheln zu gehen. Auf diese Art kann man sich die ganze Vielfalt des Lebensraumes Sand erschließen.
Hier sehen wir dann die bleistiftgroßen Kleinen Sandaale, deren Köpfe aus dem Sand lugen. Die geringste Beunruhigung, eine Wasserbewegung, ein Schatten – und diese höchstens 30 Zentimeter langen Fische starten raketenartig aus dem Sand. Zahlreiche Plattfische ruhen unter einer dünnen Sandschicht versteckt und sind nur an den schwarz aus dem Sand leuchtenden Augen zu erkennen. Fingerstarke Ein- und Ausströmöffnungen zwischen Sandrippeln zeigen dem Kundigen dezimetertief vergrabene Sandklaffmuscheln an. Wenn man vorsichtig ein wenig Sand mit der Hand beiseite wedelt, werden plötzlich zahlreiche typische Fischnährtiere wie Flohkrebse, Wattschnecken, Asseln und Meeresmilben für kurze Zeit sichtbar.

Oben links: Deich und Leuchtturm von Westermarkelsdorf.
Oben rechts: Der Blutrote Meerampfer ist eine auffällige Meeresalge.
Unten links: Interessante Mergelformationen vor Presen.
Unten rechts: An Bord der MS TORVAN wird der Tauchgang vorbereitet.

6. Presen – Die großen Mergelformationen

Auf der B 207 fahren Sie an der Inselhauptstadt Burg vorbei weiter in Richtung des Fährhafens Puttgarden. Weit im Nordosten der Insel gelangen Sie über Bannesdorf nach Presen. Der Strandparkplatz von Presen liegt direkt hinter einem gewaltigen Deich, dessen Seeseite teilweise eine Asphaltdichtung trägt. So heftig peitschen hier manchmal Wind und Wellen!

In der Nähe des Parkplatzes gibt es hinterm Deich priellähnliche Wassergräben und eine Pumpstation. Von der Deichkrone aus sind in der Ferne schon Puttgarden und der Leuchtturm Marienleuchte zu sehen. Die zum Tauchen interessante Gegend zieht sich bis hinauf vor Marienleuchte, ehe dort Sperrgebiete wegen des Fährschiffsverkehrs beachtet werden müssen.

Vom Deichübergang nach links oder nordöstlich tauchend, erreichen Sie bald die eindrucksvollsten Mergelformationen von ganz Fehmarn. Mergel ist ein kalkhaltiger Lehm mit 20–40% Ton. Mergelformationen ragen an einigen Ostseestränden aus dem Sand, aber die meisten sind nur einen halben Meter hoch. Das zähe hellgraue Mineral bildet hier in nur 2–3 Meter Tiefe mannshohe Rippen, tiefe Erosionsfurchen und regelrechte kleine Tafelberge. Manche der Mergelgebilde sehen beinahe aus wie die riesigen Poller auf den Kais von Überseehäfen.

Der Grund besteht vor Presen mit Ausnahme des Mergels aus grobem Kies, auf dem kleine Findlinge liegen. Hier wachsen neben Meersalat und Blasentang auch auffällige rote Formen wie Blutroter Meerampfer und Langfädiger Röhrentang. Dieser Lebensraum beherbergt zahllose Schwimmgrundeln, Schnecken und Seenadeln. Im Gewirr der federnden Tange und Steine beobachten wir auch Schwimmgrundeln und Strandkrabben. Auf einem einstündigen Tauchgang vor Presen sind von Land aus kaum mehr als 6 Meter Tiefe zu erreichen.

Der Tauchplatz vor Presen liegt bei östlichen Windrichtungen sehr exponiert, und die Brandung hat offenbar hier auch schon Schiffe zerschlagen. Immer wieder werden einzelne flach liegende Wrackteile gefunden, vor allem von Holzschiffen. Leider herrscht schon bei relativ geringem Wellengang an den Mergelformationen schlechte Sicht, während es weiter draußen trotzdem noch ein erlebnisreicher Tauchgang werden kann. Weiter draußen; wo die Hornhechte und Meerforellen leben. *Infos: Tauchbasis 1.*

7. Klausdorf-Nord: Seegras ohne Ende

Von der Inselhauptstadt Burg auf Fehmarn aus erreichen Sie über Niendorf ziemlich rasch Klausdorf. Am nördlichen Ortsausgang biegen Sie Richtung Ostsee ab und fahren am Nordende des weithin sichtbaren Windmühlenparkes vor bis zum Meer. Diese abgelegene Küstenregion ist als unbewachter Naturstrand deklariert und einer der ruhigsten Tauchplätze auf Fehmarn.

Links: Die Seestachelbeere ist eine kleine, wie eine Glaskugel aussehende Qualle.
Rechts: An Steinen haften oft Kolonien von Keulenpolypen.

Nach dem Einstieg über feines glattes Geröll folgt unter Wasser eine flache Sandbarre, ehe der Meeresgrund ausgedehnte Seegraswiesen offeriert. Erst weitab vom Ufer gehen diese Wiesen wieder in eine Sandlandschaft mit miesmuschelbewachsenen Steinen über. Hier draußen wuchert eine exorbitante Artenvielfalt von Rot- und Braunalgen. Besonders beeindruckend sind die federnden Büsche des Roten Horntanges. Es gibt schicke lila Seesterne, Seenadeln und Garnelen. Neben Aalen und Schollen am Grunde beobachten wir im Freiwasser viele der harmlosen Ohrenquallen und manchmal sogar Seestachelbeeren. Diese filigrane Quallenart hat einen kugelrunden, nur drei Zentimeter großen Körper mit glasigen Rippen und zwei langen Tentakelfäden. Die Haupttentakel sind mit zahlreichen weißen bis orangen Nebenfäden besetzt. Deutlich kann man den gelblich durchscheinenden Schlund des Tieres sehen. Das fast farblose Tier glitzert in der Sonne und ist sehr schwer zu fotografieren.
Ein Teil der Steine hier draußen trägt Mützen aus Meersaiten. Ungefähr 400 Meter vor der Küste liegt ein über zwei Meter langer Segelschiffs-Stockanker flach am Grund. Der hölzerne Stock ist natürlich längst wegkorrodiert. Besonders schön bewachsen sind einige alte Reusenpfähle. An diesen dicken Holzstämmen entdecken wir immer wieder Seehasennester. Einzelne Seehasen haben an solchen Pfählen auch außerhalb der Laichzeit ihr Revier und ihren Daueraufenthaltsort. Sie ruhen gern am Fuße der alten Hölzer im Schatten oder verbergen sich in kleinen Höhlen, die Meerwasser und die Bohrmuscheln im Holz geschaffen haben. *Infos: Tauchbasen 1 und 4.*

8. Klausdorf-Süd: Ein steiniges Revier

Vom südlichen Ortsende des Dörfchens fahren Sie über eine gewundene Straße mit Ausweichtaschen zum Campingplatz Klausdorfer Strand. Außerhalb des Campingplatzes kann man für DM 5,– pro Tag parken, auf dem Gelände des Campingplatzes kostet es DM 15,–.Von außerhalb des Campingplatzes sind es etwa 150 Meter zum Wasser.

Schon von oben sehen Sie eine kleine Natursteinmole und eine Bootsslipanlage, wo man sehr gut einen Tauchgang vorbereiten und ins Wasser steigen kann. Vor dieser Mole ist der Ostseeboden flächendeckend steinig und durch eine Miesmuschelbank ein ideales Revier, um Seeskorpione, Aalmuttern und Aale zu beobachten.

Seeseitig vor den Steinfeldern wächst vereinzelt etwas Blasentang. Kleine Seegraswiesen scheinen im blanken Schill zu wurzeln. Schill sind (meist großflächige) Ansammlungen von leeren Muschelschalen, wie man sie in der Ostsee ebenso wie in Binnenseen findet.

Weiter draußen und nördlich vom Einstieg schließen sich Sandböden mit zum Teil übermannshohen Findlingen an. Dort wächst der bis zu vier Meter lange Zuckertang an den Felsen. Zuckertang besitzt einen ungefähr daumendicken, relativ kurzen Stiel, an dem ein etwa 40 Zentimeter breiter länglicher Lappen von ledriger Konsistenz wächst. Dieses »Blatt« der Braunalge ist unverwechselbar, denn es ist an den Rändern rüschenartig gewellt. Im Revier leben bemerkenswert viele Plattfische und große Dorsche. Im Frühling und Frühsommer sind Hornhechte zu beobachten. Vor Klausdorf-Süd ist Vorsicht hinsichtlich des Sportbootverkehrs geboten und das Mitführen einer Boje zu empfehlen. *Infos: Tauchbasen 1, 4 und 8.*

9. Das Schonerwrack vor Klausdorf

Wenige Seemeilen vor Klausdorf ist der Meeresboden der Ostsee sehr eben und über weite Flächen tiefer als 20 Meter. Jeder Findling, jedes bizarre Trümmerteil ist auf den Displays der Echolote diverser Tauchschiffe gut zu sehen. Das Schonerwrack vor Klausdorf zeichnet eine besonders kompakte, vielleicht drei bis vier Meter hoch angezeigte Kontur auf den Bildschirm.

Das Wrack liegt auf ebenem Kiel in 24 Meter Tiefe. Der Schoner war einst mit Kreide beladen. Wie alle Schiffe mit einer schweren mineralischen Ladung (etwa Sand, Steinkohle, Ziegelsteine und Ähnliches) wurde der Segler bei rauher See aufrecht bleibend und sehr rasch in die Tiefe gerissen.

Die Untergangsursache war allerdings nicht das stürmische Meer, sondern eine bei Wellengang nicht auszumachende tückische Seemine. Die beendete das Leben des kleinen Frachtseglers im Jahre 1944. Der Schoner, über den man noch immer sehr wenig weiß, wird auch als der Drahtschoner bezeichnet. Das ist wohl auf die aus Drahttauwerk bestehenden Wanten und andere

metallene Takelageteile zurückzuführen. Je moderner die Segelschiffe nach 1900 wurden, desto mehr Schiffsteile wurden aus Stahl angefertigt.
Der alte Schoner ist knapp 30 Meter lang und wirkt trotz des Minentreffers vergleichsweise wenig zerstört. Wenn man als Taucher dicht über das Deck schwebt, sind Lukensülle, Ladungsreste und Maststümpfe gut zu erkennen. Dem früheren Rigg und dem teilweise zu großen Bögen verdrillten Stahltauwerk kann man kaum noch die einstigen Funktionen an Bord zuordnen, denn alles ist dicht mit Seenelken bedeckt. Auch die Reste der achterlichen Kajüte scheinen zu leben, denn in allen finsteren Öffnungen bewegen sich die gierigen Tentakel der hungrigen Blumentiere.
Seenelken zählen zu den Seeanemonen und werden um die 30 Zentimeter hoch. Die stark gelappte Mundscheibe trägt bis zu 1000 feine Tentakel. Manchmal entdecken wir auch Doppelformen mit einer Gabelung im oberen Teil und zwei getrennten Mundscheiben. Der Körper des Blumentiers ist meist lachsfarben, kann aber auch von schneeweiß bis gelborange variieren. Obwohl Seenelken häufig als Tiere des Flachwassers beschrieben werden, leben sie auch an über 30 Meter tief liegenden Wracks gut.
Wer zum Tauchen einen glücklichen Tag hinsichtlich der Horizontalsicht im Meer wählt, kann vom Meeresgrund neben dem Wrack aus manchmal den wuchtigen Schiffsrumpf des Schoners im Gegenlicht als Ganzes vor sich sehen. Aber das sind unter Ostseeverhältnissen die außergewöhnlichen Tage, denn meist präsentiert sich dieses Seegebiet reich an Phytoplankton. Daraus resultiert eine »Normalsicht« von fünf bis sechs Meter. Unter solchen Verhältnissen gibt das märchenhafte Wrack seine Geheimnisse dem Besucher nur zögernd preis.
Diesen wunderbaren Tauchplatz können Sie natürlich nur mit regionalen Anbietern von Tauchausfahrten erreichen. Besonders zu empfehlen ist eine Ausfahrt mit Käptn Müller und seinem urigen Katamaran TORVAN. Das seefeste Doppelrumpfschiff bietet an Deck viel Platz für Tauchvorbereitungen und hat auch eine praktische Taucherplattform für die Rückkehr an Bord. Kapitän Müller findet »seine« Wracks auf den Punkt und ist ein wandelndes Lexikon und ein großer Geschichtenerzähler hinsichtlich der Gewässer um Fehmarn. Schließlich hat er vor seiner Karriere als Tauchschiffkäptn rund um die Insel nach Ködern für die Hochsee- und Küstenangelei gefischt und gespült. Ein Fehmarner Original! *Infos: Tauchbasen 1 und 5.*

10. Gahlendorf – Fangplatz der Ostseefischer

Vom südlichen Ortseingang Gahlendorfs aus fahren Sie in Richtung der Schilder, die »Strand« und »Wachtelberg 600 Meter« anzeigen. Sie fahren am Reiterhof Rickert vorbei über eine enge, sich durch Felder windende Straße bis zum Meer.

Östlich von Gahlendorf erreichen Sie ein malerisches Hochufer, das weiten Blick über die Ostsee bietet. Südlich dieses Tauchplatzes mit seinem kleinen Parkplatz schließt sich ein Wandergebiet mit Küstenwald an, nördlich davon ist in einiger Entfernung der Campingplatz »Klausdorfer Strand« zu sehen.
Der Einstieg führt hier über dicht bei dicht liegende kugelrunde, interessant gemusterte Steine. Ganz besondere Steine, wie sie gern von Strandwanderern gesammelt werden.
Auf das Geröllfeld am Ufer folgt bald der Lebensraum der Wattwürmer. Sandrippeln bis zum Unterwasserhorizont, »gestylt« von jenen bizarren Türmchen, die die Watt- oder Sandpierwürmer beim Durchsuchen des Meeresbodens nach Fressbarem verursachen.
Ab etwa drei Meter Tiefe beginnt wieder jene ostseetypische Landschaft mit einzelnen kleinen Findlingen am Meeresgrund. Findlinge, die – je weiter wir hinaustauchen – immer größer werden. Beinahe alle Steine tragen einen überaus interessanten Aufwuchs mit Miesmuscheln, Seepocken, Moostierchen, Brotkrumenschwämmen, Rot- und Brauntangen und vielen weiteren interessanten, aber nicht sehr großen Organismen. In dieser Landschaft leben dann auch gern Schwarzgrundeln, Schwebegarnelen und riesige Schwärme, ja regelrechte Wolken von nur fingerlangen rötlichen Schwimmgrundeln.
Meist steht vor diesem Tauchplatz in etwa fünf Meter Wassertiefe eine fangaktive Reuse, zu der ein beeeindruckendes Leitnetz führt. Im Umfeld dieser Fangeinrichtung befinden sich zahlreiche, mehr oder weniger dicht über dem Grund abgebrochene alte Reusenpfähle. Hier draußen beobachten wir dann auch Seenadeln, Meeresschnecken, Heringe, Flundern, Schollen und Dorsche. Die Reusenpfähle werden besonders gut von Keulenpolypen, Seerinde und kleinwüchsigen Tangen angenommen. Manchmal sind hier sogar die scheuen Seeforellen zu beobachten. Von Land aus sind vor Gahlendorf etwa 8 Meter Tauchtiefe zu erreichen. *Infos: Tauchbasen 1 und 4.*

11. Katharinenhof I – Tauchen zu den großen Findlingen

Ungefähr 100 Meter nördlich der Tauchbasis Katharinenhof überqueren Sie einen kleinen Zeltplatz und steigen südlich der Gaststätte »Waldpavillon« über einen lehmigen Pfad ab zur Küste. Der Weg führt durch ein lichtes Küstenwäldchen mit großen Stufen. Wegen der zu erwartenden geringen Tauchtiefen ist es nicht lohnend, sehr große Flaschen über diesen nicht so bequemen Weg zu tragen.
Der Einstieg erfolgt hier über ein rutschiges Geröllfeld. Und unter Wasser geht es genau so steinig weiter. Insbesondere wenn man nach links beziehungsweise nordöstlich taucht, werden die Findlinge erstaunlich groß und können im Ausnahmefall auch schon einmal übermannshoch sein und fünf bis sieben Meter Durchmesser haben. Ein Findling ist besonders berüchtigt: Er reicht bis kurz unter die Wasseroberfläche und hat den Spitznamen »Alter Mann«

Im Tauchgebiet Katharinenhof liegen sehr große, reich bewachsene Findlinge.

bekommen. An seiner »Stirn« sind schon mehrere Außenborder von nichts ahnenden Gummibootfahrern zerschellt.

Auf dem Grund, der auch zwischen den Findlingen kiesig bis steinig bleibt, leben viele Plattfische. Makrofotografen finden Keulenpolypen, Grundeln, Meeresschnecken, manchmal sogar Nacktschnecken, Seesterne, Baltische Meerasseln, kleine Seenelken und viele andere hübsche Miniaturen. Es mangelt nicht an Garnelen und Krabben. Beinahe jeder Stein trägt Miesmuscheln, farbenprächtige kleine Tange, Moostierchen und Schwämme.

Immer wieder entdecken wir die bis zu schüsselgroßen Bulte des Blutroten Meerampfers. Dann und wann schweben wir über flach liegende Felspartien, die so eigenartig gefurcht sind, dass dies noch Schleifspuren der letzten Eiszeit sein könnten. Tangbewachsene Steine mit einigen Meersaiten dominieren das Bild, aber auch kleine Weichsedimentflächen mit Seegras sind zu finden. In diesem Seegebiet, das etwa vor der Gaststätte »Waldpavillon« beginnt und sich reichlich 800 Meter nach Norden erstreckt, sind auch zahlreiche Seenadeln und – vor allem im Frühling – sogar Heringe und Hornhechte zu beobachten. Große Dorsche erlebt man eher in der kalten Jahreszeit.

Im Norden des Tauchgebietes sind maximal neun Meter Tiefe zu erreichen, nach Süden in Richtung Staberhof sind es nur noch um vier Meter Tiefe. Südlich der erwähnten Gaststätte liegen etwa 250 vom Ufer entfernt die Reste eines Torpedofangschiffes im Wasser: Schornstein, Stücke der Reling, ein Teil des Stevens. Das Tauchgebiet eignet sich auf Grund des Artenreichtums und der geringen Tiefen hervorragend für Nachttauchgänge, auf denen man sogar die seltene Vierbärtelige Seequappe entdecken kann. *Infos: Tauchbasis 4.*

12. Katharinenhof II – Das Revier des Steinbuttes

Wenn Sie von der Tauchbasis Katharinenhof nach Süden fahren, sehen Sie sogleich eine schmale Asphaltstraße, die links weg zum Meer führt. Diese winzige Straße endet als Sackgasse unmittelbar vor dem Küstenwald, und auf einer Straßenseite kann geparkt werden. Von hier haben Sie einen wirklich leichten, angenehm kurzen Weg zum Wasser.

Obwohl auch dieser Strandabschnitt äußerlich stark von Steinen geprägt scheint, finden wir unter Wasser zunächst erst einmal eine breite Barre aus Sand. Wenn man tiefer und weiter hinaustaucht, wechseln sich mosaikartig kiesige Flächen mit kleinen Findlingen und Seegraswiesen ab. Auf den kleinen Sandflächen des Reviers ist so mancher Steinbutt zu entdecken. Auch hier haben wir einen artenreichen Tummelplatz kleiner Tiere vor uns, von denen Seenadeln, Seeskorpione, Leierfische und Plattfische besonders auffallen. In den tanggekrönten »Häuptern« hüfthoher Steine verstecken sich gern kaum 30 Zentimeter große Jungdorsche.

Dieser Tauchplatz ist zugleich ein begehrter Meerforellenangelplatz, was auf gewisse nächtliche Beobachtungsmöglichkeiten schließen lässt. Sie erkennen die richtige Stelle eindeutig an einem dunkelroten Holzboot, das am Wege zum Ufer für die Kinder eingegraben wurde. *Infos: Tauchbasis 4.*

13. Vor Staberdorf am Marineturm

Von Burg aus fahren Sie über Meeschendorf und Staberdorf bis zum Straßenende vor dem alten Marinestützpunkt. Rechts neben dem Bundeswehrgelände liegt ein Parkplatz, und das sehr steinige Ufer ist als »unbewachter Naturstrand« beschildert.

Vor dem Gelände mit dem Turm tauchen wir über einen reich mit handballgroßen bis halbmeterhohen Findlingen versehenen Meeresgrund. Es gibt winzige Seegraswiesen, und es ist jederzeit möglich, dass die Fischer in dieser Region Reusen gestellt haben. Uralte, vom Eisgang zerbrochene oder abgedrehte Reusenpfähle sind ein besonders attraktiver Platz. Dort leben Schwimmgrundeln und Garnelen gern. Es gibt Moostierchen und Keulenpolypenkolonien. Seehasen verbergen oft ihre Nester in den porösen Holzstämmen. Einige Seehasenväter bleiben sogar das ganze Jahr dort. Seeforellen, Aale und Dorsche sind häufig vor Staberdorf.

Zwischen Blutrotem Seeampfer, Langfädigem Röhrentang und Wurmblatt verbergen sich allerhand große Plattfische. An diesem Tauchplatz kann jederzeit eine leichte Strömung anliegen, dafür gibt es hier oft für Ostseeverhältnisse unwirklich klares Wasser. Vielen Tauchern gilt die Region vor Staberdorf als Fehmarns schönster und interessantester Landtauchplatz.

Man kann hier leicht Tiefen bis zu 10 Meter erreichen und die Region vom Beobachtungsturm der Marine bis zur Landspitze Staberhuk mit dem Leuchtturm abtauchen. Leider darf beim Leuchtturm nicht mehr geparkt werden.

Sobald Sie jedoch vor Staberhuk einen seewärts Richtung Gefahrentonne verlaufenden Steinwall erreichen, sollten Sie wieder Kurs gen Ufer nehmen. Hier draußen können Sie leicht in eine nicht beherrschbare seewärtige Strömung geraten, vor allem bei Westwind. *Infos: Tauchbasen 1, 4 und 8.*

14. Strömungstauchgänge vor Staberhuk

Sobald Sie die Möglichkeit haben, vom Tauchschiff aus vor dem Leuchtturm von Staberhuk ins Wasser zu springen, wird die hier stets mehr oder weniger stark anliegende Strömung zum positiven Ereignis, gehört zum angenehmen Erleben des Meeres. Sie lassen sich treiben oder schwimmen mit minimaler Anstrengung dahin, das Tauchschiff folgt der Blasenbahn oder Ihrer Sicherheitsboje.

Sie schweben über ausgedehnte flache Felspartien mit Miesmuscheln. Sie entdecken Steinwälle und winzige Seegraswiesen im Geviert hoher Steine. Sie betrachten in der Strömung wehende Tange. Und fragen sich, wo all die Fische sind. Und tatsächlich, das kräftig durchströmte Seegebiet vor Staberhuk scheint nicht sehr fischreich zu sein.

Doch wenn Sie genauer hinsehen, werden Sie immer wieder einzelne sehr große Fische sehen. Mal eine »Riesenflunder«, mal einen trägen meterlangen Dorsch, einen armdicken Aal, einen halbmeterlangen Seehasen oder auch einen Seeskorpion, der wie ein Stück Fels aussieht. Gewiss, die Fischdichte ist hier draußen nicht hoch. Aber es sind die kapitalen Exemplare, die sich wegen der Strömung clever zwischen die Felsen drücken und Ihre Beobachtungsgabe herausfordern. Allein die Meerforellen schätzen es, in der Strömung zu stehen oder zu jagen. *Infos: Tauchbasen 1 und 4.*

Auch der zweite Tauchplatz vor Katharinenhof ist beliebt.

Links: Seenelken präsentieren sich lachsfarben bis weiß.
Rechts: Das Kutterwrack HEIMWÄRTS*: Ein Blumenkasten voller Seenelken.*

15. Das HEIMWÄRTS-Wrack südöstlich von Staberhuk

Das Wrack des Kutters HEIMWÄRTS ruht auf der Seite liegend in 23 Meter Tiefe. Langsam zerfällt das Deck, die Aufbauten vergehen, Planken lösen sich, Spanten ragen ohne Beplankung auf. Der alte Kutter ist teilweise mit Seenelken bewachsen. Besonders wohl scheinen sich die Blumentiere auf verdrilltem, ins freie Wasser aufragendem Drahttauwerk zu fühlen. So freigestellt sind sie idealerweise immer von einem Nahrungsstrom umgeben.

Das Dämmerlicht der Ostsee, die Sonne, das malerisch auf der Seite liegende Wrack und die teils unterarmlangen Seenelken schaffen zusammen einen zauberhaften, beinahe romantischen Anblick am Meeresgrund. Obwohl das Kutterwrack HEIMWÄRTS bereits seit vielen Jahren betaucht wird, ist die tragische Geschichte der Menschen an Bord kaum bekannt:

Die HEIMWÄRTS hatte ihren Heimathafen in Heiligenhafen bei Fehmarn. In jenen stürmischen Tagen des Jahres 1969 fischte die Crew bei schwerer See südöstlich von Staberhuk. Die kurzen harten Wellen schlugen den Kutter leck. Zunächst schien die Lage beherrschbar, aber vielleicht gab es auch noch einen der berüchtigten Plankensprünge?

Die Männer an Bord wussten bald, dass der Kutter sinken würde. Und sie bereiteten sich darauf vor. Sie legten die Schwimmwesten an, die den Fischern normalerweise bei der Arbeit hinderlich sind. Um in der tobenden Ostsee ganz sicher oben zu bleiben, banden sich die Männer zusätzlich Netzschwimmerkugeln um den Bauch.

Der Kutter sank weg und der Kapitän blieb mit eben diesen Netzschwimmerkugeln im Mast hängen. Die Fischer der Region suchten mit 20 Kuttern zwei Tage lang nach Überlebenden und der Untergangsstelle. Und der Kapitän hing noch immer im Mast seines Kutters fest.

Der Kutter HEIMWÄRTS ist so etwas wie ein Denkmal am Meeresgrund. Eine mahnende Erinnerung an all die harten Männer, die ihren Job auf dem Meer leisten und draußen bleiben. Männer, die uns an Land Lebende am Reichtum des Meeres teilhaben lassen. *Infos: Tauchbasis 1.*

16. Vor dem Campingplatz Europa bei Meeschendorf

Von Burg fährt man bis Meeschendorf und biegt in Ortslage in Richtung der Beschilderung »Europa-Camping + Südstrand« ab. Außerhalb des genannten Campingplatzes finden Sie dicht hinter der Düne einen geeigneten Parkplatz. Von hier aus sind es nur etwa 50 Meter zum Wasser, wo Sie einige kleine Betonmolen und Steinschüttungen vor dem Sandstrand sehen.
Nach ufernahem Sandboden entdecken Sie im Tiefenbereich von 3–5 Meter ausgedehnte Seegraswiesen und dazwischen immer wieder flach liegende bröckelige Mergelschollen mit einem Aufwuchs aus Braunalgen. Kleine Senken im Meeresboden sind mit Findlingen gefüllt, modellieren regelrechte Steinnester. In den Seegraswiesen ruht viel angespültes, vielleicht von Stürmen in den Fehmarnsund gedrücktes Holz.
In diesem Revier verbergen sich zahlreiche Dreistachlige Stichlinge, aber wir finden auch Aale, Seeskorpione und Plattfische. Meeschendorf kann ein guter Ausweichtauchplatz sein, wenn vor Staberhuk auflandiger Wind und die entsprechende Brandung toben. Meeschendorf ist besonders angenehm zum Nachttauchen. Dann kann man hier gut beobachten, wie allerhand Fische Partikel von der Wasseroberfläche schnappen und sich dabei in voller Schönheit präsentieren. *Infos: Tauchbasen 1, 3 und 4.*

17. Das Prahm-Wrack vor Meeschendorf

Am 30. Juli 1997 kehrte das Taucherschiff TORVAN von einer Wracktauchfahrt mit Gästen zurück in den Fehmarnsund. Vor der Meeschendorfer Küste zeigte das Echolot Skipper Müller eine bis dato unbekannte, etwa drei Meter hohe Erhebung an. Und die Kontur auf dem Bildschirm war so seltsam, dass alle an Bord neugierig wurden. Also gab es ein erneutes Ankermanöver, und eine Tauchergruppe rund um den Tauchlehrer Ralf Kunze machte sich zum Abstieg fertig.
Und sie hatten Glück; fanden in 16 Meter Tiefe bei guter Sicht ein bislang unbekanntes Wrack. Das Wasserfahrzeug war ein Prahm, der als Lastschiff einst Ladung an Deck führte. Der Prahm ist etwa 20 Meter lang und 4,5 Meter breit. Das Stahlschiff ist bis auf eine kleine Beschädigung am Bug gut erhalten. Man vermutet, dass dieses Schiff zwischen 1890 und 1930 gebaut wurde, aber Genaueres ließ sich nicht ermitteln. Steuerruder und eine Menge anderer Details sind noch gut zu sehen. Oft wird der Prahm nicht nur von Tauchern, sondern auch von Heeren kleiner Seesterne belagert. Viele Flächen am Schiff sind von Seerinde und Moostierchen bedeckt. Auch die Dorsche und Stichlinge mögen diese Position.
Man vermutet heute, dass der Prahm am 3. Mai 1945 mit eingesetzt war, um die Besatzungen von vielen der an diesem Tag durch britische Flieger bombardierten Schiffe der deutschen Kriegsmarine zu bergen. Und wahrscheinlich wurde auch der Prahm selbst beschossen und versenkt. Weil Prahme von

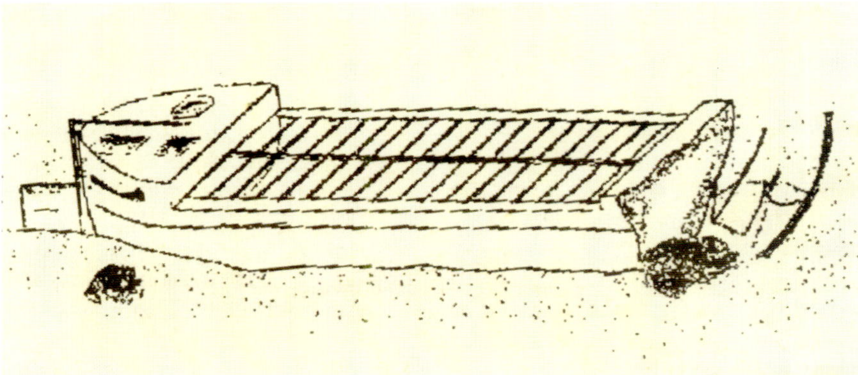

Skizze des Prahms vor Meeschendorf. (Zeichnung: Ralf Kunze, Fehmarnsches Tagblatt vom 26.08.1997)

Schleppern oder anderen Schiffen gezogen werden müssen, können wir annehmen, dass auch der Schlepper in diesen letzten Kriegstagen nicht entkam. Ein Stück Schlepptrosse ist jedenfalls am Meeresgrund neben dem Prahm zu sehen, aber der Schlepper blieb bisher im Dunkel der Geschichte beziehungsweise des Ostseewassers verborgen. *Infos: Tauchbasis 1.*

18. Der Fehmarnsund – Tauchen im Strom

Wenn der Ostwind pfeift, ist die Strömung im Fehmarnsund besonders heftig. Dann wird es leicht möglich, fast den ganzen Fehmarnsund im Rahmen eines Tauchganges zu absolvieren. Falls von Land aus getaucht wird, ist es zweckmäßig, von der Ostseeresidenz bei Meeschendorf zu starten und vor Beginn des Tauchganges ein zweites Auto bei Strukkamphuk zu stationieren. Zum Beispiel in der Nähe der Bootsslipanlage. Das ist jedoch die lange Variante eines ungewöhnlichen Tauchganges. Die meisten Taucher steigen vom Parkplatz direkt unterhalb der Fehmarnsundbrücke ein und treiben nach Strukkamp.

Beim Tauchen im Fehmarnsund sind große Flaschen zu empfehlen, denn in der Fahrrinne ist es lediglich 11 Meter tief. Dieser relativ geringe Wasserstand macht es aus Sicherheitsgründen notwendig, dicht am Grund zu tauchen und ein Auftauchen mitten im Sund unbedingt zu vermeiden. Durch den in den Sommermonaten relativ dichten Schiffs- und Bootsverkehr erscheint es fraglich, ob eine Sicherheitsboje wirklich ein Sicherheitszuwachs wäre. Schließlich kann die Bojenleine auch in eine Schiffsschraube geraten. Am günstigsten ist es, die Unternehmung von einem Tauchschiff begleiten zu lassen, das eventuell schon vor dem Ziel erschöpfte Taucher aufnehmen kann. Insgesamt

ist der Fehmarnsund mehr etwas für erfahrene Taucher, die gut trainiert sind und entsprechend Kondition haben.
Direkt unter der Fehmarnsundbrücke ist die Strömung besonders heftig. Insider halten es für relativ sicher, auf der Inselseite des Sundes in 7–8 Meter Tiefe dahinzutreiben. Auf diese Weise ist die Tauchergruppe so tief, dass Sportboote keine Gefahr bedeuten, aber man taucht noch nicht in der Hauptfahrrinne.
Im Sund gibt es weite kiesige Flächen, kleine Findlinge und allerhand von der Schifffahrt entsorgte Gegenstände zu bestaunen. Am häufigsten werden armdicke Aale und sehr sehr große Schollen beobachtet. Schollen tragen 4–7 Knochenhöcker zwischen den Augen und eine abgerundete Schwanzflosse. Sie sind rechtsäugig, wohingegen Flundern rechts- und linksäugig sein können, Hautwarzen an der Seitenlinie besitzen und eine gerade endende Schwanzflosse aufweisen.
Der Zielpunkt, die Bootsslipanlage von Strukkamphuk, wäre auch ein guter Ausgangspunkt für Nachttauchgänge in sehr flachem Wasser. Vom Einstieg taucht man dazu hinaus in den Fehmarnsund, bis die zunehmende Strömung spürbar wird. Damit die Rückkehr zum Einstieg bei Strukkamp möglich bleibt, sollte man sich nicht der Hauptströmung aussetzen, sondern umkehren. Besonders nach Mitternacht sind zahlreiche Fischarten im Flachwasser versammelt und man kann sich sogar ganz dicht an Meerforellen »heranschleichen«. *Infos: Tauchbasen 1 und 3.*

19. Das FALKE-Wrack vor Dahmeshöved

Der Kutter FALKE lief im Winter des Jahres 1995 zum Fischen aus. Die Arbeit war hart. Auf dieser Fahrt rammte der Kutter eine vom Meer überspülte Eischolle und soll ein kleines Leck davongetragen haben. Der Kapitän rief per Funk einen Seenotrettungskreuzer herbei. Dieses Schiff versuchte, den Kutter FALKE weiterhin über Wasser zu halten. Aber die Mühe war vergeblich. Der moderne Fischereikutter sank den Männern unter den Füßen weg. Die gesamte Besatzung wurde gerettet.
Wie man auf Fehmarn munkelt, hielten einige Leute den Vorfall für einen »Versicherungsschaden«. Aber natürlich kann das niemand wirklich beurteilen, der nicht mit auf See war.
Der Kutter FALKE ruht heute in der Ostsee vor Dahmeshöved. Das Deck wird etwa bei 18 Meter Tiefe erreicht, der Grund bei 21 Meter. Das Wrack steht beinahe aufrecht am Meeresgrund und ist ziemlich perfekt erhalten. Sogar die Scheiben des Ruderhauses sind noch ganz.
Selbstverständlich bewächst auch dieses Wrack immer mehr mit Miesmuscheln, Moostierchen, kleinen Tangen und Seenelken. Am Heck des Kutters hängt noch immer ein Wust aus Schleppnetzen und Tauwerk. *Infos: Tauchbasis 1.*

20. Der Timmendorfer Strand und die Seebrücke

Direkt vor der schmucken reetgedeckten Tauchbasis am Ortsrande von Scharbeutz (neben der Ostseetherme) erstreckt sich ein feiner Sandstrand, eben der sprichwörtliche Timmendorfer Strand. Hier kann man bequem zu Fuß mit Ausrüstung zur Ostsee laufen und von Land aus tauchen. Es ist ein kleiner Service der Tauchbasis, ihre Gäste auf Wunsch mit dem Motorschlauchboot hinauszufahren auf die Ostsee, so dass der Tauchgang immer landeinwärts führt. Diese Ausfahrt und eine halbe bis dreiviertel Stunde erwünschte Tauchzeit vorausgesetzt, werden Sie über etwa 10 Meter tiefem Wasser abgesetzt. Am Grunde werden Sie ein abwechslungsreiches Findlingsfeld vorfinden, auf dem Miesmuscheln, Seesterne, Seescheiden und kleine Krabben leben. Hier beobachtet man Seestichlinge und gelegentlich sind Klippenbarsche zu sehen. Es gibt grüne und weinrote Tange, orangerote Brotkrumenschwämme und zierliche Moostierchen. Die Lübecker Bucht ist außerdem die Kinderstube vieler kleiner Plattfische, die wir sonst nur als tellergroße Exemplare zu Gesicht bekommen.
Ein besonderes Geheimnis der Lübecker Bucht sind die immer wieder einmal auftretenden Nacktschnecken, die wir hier in der Ostsee nicht unbedingt erwarten. Meist sind es die knapp vier Zentimeter großen Tiere der Art Drummonds Fadenschnecke, die auf Miesmuschelbänken oder den Seegrashalmen des Flachwassers weiden. Die weiß-beige-braun gefärbten Schnecken, deren Kiemenspitzen hell irisieren, sind ein überaus prächtiger Anblick. Sie vertilgen ganz rau andere Nacktschnecken, sofern sie nicht genug Hydroidpolypen als Nahrung finden.
Die Steinfelder können sich bis auf 5–6 Meter Tiefe unter Land hinziehen, ehe Sie lockere Seegraswiesen erreichen und wieder einen ganz anderen Lebensraum zur Betrachtung vor sich haben. Die Seegraswiesen sind von Flundern, Schollen, Aalen, aber auch Flohkrebsen und Meerasseln bevölkert. Sogar die Flussbarsche des Süßwassers werden beobachtet. Besonders geschickt tarnen sich die wie ein Halm unter Halmen im Seegras stehenden Seenadeln.
Direkt vor Timmendorf erstreckt sich eine Seebrücke hinaus aufs Meer. Daneben, westlich der neuen Seebrücke, liegen die Reste der alten Seebrücke als bizarre Trümmer auf dem Meeresgrund. Die Pfeiler der neuen Seebrücke werden ebenso wie die Trümmer von zahllosen festsitzend lebenden Tieren als Untergrund angenommen. Solche Muschelbänke bieten inmitten des Lebensraumes Sand immer attraktive Verstecke und viel Beutetiere, weshalb sich besonders gern nachts zahlreiche große Fische unter der Seebrücke einfinden. Geradezu einen Querschnitt des maritimen Lebens der Ostsee finden wir Taucher am Steinriff vor Timmendorf: Hier wurden für das Sea Life Center Timmendorf 60 Tonnen Steine versenkt, um eine Dokumentation über einheimische Fische zu erarbeiten, indem Letztere in einen attraktiven Lebensraum gelockt werden. Per Video sollen live Bilder aus dem Meer ins Sea Life Center übertragen werden. *Infos: Tauchbasis 6.*

Erlebnisreiches Tauchen bei Fehmarn.
Oben links: Dreistachlige Stichlinge leben im Fahrwasser.
Oben rechts: Seehasenweibchen werden sehr selten beobchtet.
Mitte links: Drummonds Fadenschnecke – ein »Edelstein« der Westostsee.
Mitte rechts: Taucherlebnis Reuse mit großem Dorsch.
Unten links: Das Prahm-Wrack vor Meeschendorf.
Unten rechts: Das Schonerwrack vor Klansdorf.

21. Wracktauchen in der Lübecker Bucht

In den letzten Kriegstagen lag genau zwischen dem Timmendorfer Strand und dem Neustädter Hafen eine kleine Flotte vor Anker. Es handelte sich überwiegend um große Passagierschiffe und Frachter, die von der Kriegsmarine während des Krieges als Truppentransporter und Wohnschiffe genutzt wurden. Nur wenigen war bekannt, dass sich inzwischen aus verschiedenen KZ evakuierte Häftlinge, insgesamt etwa 11.000 Menschen, an Bord dieser Schiffe befanden.

Am 3. Mai flog die 84. Gruppe der britischen Royal Air Force einen verheerenden Bombenangriff gegen diese vermeintlich der deutschen Kriegsmarine noch verbliebenen Schiffe. Die Großschiffe brannten alle aus und kenterten, vermutlich starben etwa 8.000 Menschen in den Flammen oder im eisigen Ostseewasser. Die meisten dieser Schiffe wurden nach dem Krieg zunächst gesprengt und später zur Schrottgewinnung abgebrochen. In der maximal 24 Meter tiefen Lübecker Bucht waren die Wracks relativ leicht zugänglich.

Es ließ sich nie mehr vollständig feststellen, was in den letzten Kriegstagen zwischen Travemünde und Neustadt alles auf den Ostseegrund sank. Sicher ist eines: Über weite Teile der Bucht hinweg sind jederzeit interessante Wracks, Wrackteile und Hinterlassenschaften des Seekrieges zu finden. Im Interesse der Tauchsicherheit sollte absolut kein rätselhafter Gegenstand angefasst werden.

Das Tauchzentrum Timmendorfer Strand sammelt Informationen über interessante Punkte in der Lübecker Bucht. Es ist jedoch Ehrensache, dass direkt an der »Position Cap Arcona« nicht getaucht wird. Hier, wo Taucher noch immer Schädel, Gebeine und Rettungsbootreste finden, soll Grabfrieden herrschen…

Das Passagierschiff DEUTSCHLAND auf einem historischen Foto.

In der Lübecker Bucht liegende, nicht komplett geborgene Wracks (Beispiele):

Name	Typ	Größe	Position	Zustand
CAP ARCONA	Passagierschiff	27.560 BRT 205 Meter lang	54° 03,90 'N 10° 50,45'E	gesprengt, verschrottet, Wrackreste
DEUTSCH-LAND	Passagierschiff	21046 BRT 206 Meter lang	54° 03,45 'N 10° 48,25'E	gesprengt, verschrottet, Wrackreste
LOTSEN-KOMMAN-DANT KRAUSE	Technisches Hilfsschiff	ca. 40 Meter lang	54° 03,43 'N 10° 48,26'E	Beschädig-ter Rumpf mit Spill
HOLSTENTOR	Flugsiche-rungsboot	25 Meter lang		Intakter Holzrumpf mit zwei Rudern
unbekannt	Fischdampfer	35 Meter lang	54° 10,00 'N 11° 05,56'E	Rumpf
unbekannt	Frachter	–	54° 03,43 'N 10° 48,26'E	Wrackreste

Infos: Tauchbasis 6.

22. Die Wracks LOTSENKOMMANDANT KRAUSE und HOLSTENTOR

Größere Wracktauchfahrten werden ab Neustadt-Hafen mit dem Kutter »Neptun« unternommen. Das ist ein ganz besonderes kleines Schiff. Klaus Störtebecker junior persönlich gehört zur Besatzung, und die Bordbar führt das schiffseigene »Dekobier« Neptunbräu. Das halten Sie für etwas unwahrscheinlich? Fahren Sie hin! Drei heilige Eide…
Am häufigsten steuert die Crew des Tauchsportzentrums Timmendorf die Position LOTSENKOMMANDANT KRAUSE an. Dieses ehemals etwa 40 Meter große Hilfsschiff wurde von der Bundesmarine planmäßig versenkt und lange Zeit haben Marinetaucher daran das Sprengen geübt. Das Umfeld dieses kleinen Stahlschiffes ist jedoch ein regelrechter Schiffsfriedhof, denn die umherliegenden Wrackteile können nicht alle von der KRAUSE stammen. In einen ca. 50 mal 120 Meter großen Trümmerfeld liegen nicht allein der schon bizarr

zersprengte Schiffsrumpf, sondern auch Teile von Holzdecks, gewaltigen Schiffsmaschinen, Dampfkesseln und Kondensatoren, Aufbauten mit Bulleyes und vieles mehr. Insider glauben, dass die Kessel und Maschinen von dem 1945 gesunkenen Passagierschiff DEUTSCHLAND stammen müssen…
Wracks und Wrackteile sind heute vielfach großflächige Muschelbänke voller Seesterne, die immer wieder von einzelnen Seenelken geschmückt sind. Dunkle Höhlen aus Stahl bilden reiche Versteckmöglichkeiten für Fische und Krabben. Immer wieder brüten Seehasen in diesem Wrack. Bei der LOTSENKOMMANDANT KRAUSE bildet der Ostseegrund einen kleinen Abhang, wo es von 13 auf 19 m Tiefe hinuntergeht.
Ganz in der Nähe liegt der hölzerne, völlig intakte Rumpf der HOLSTENTOR auf dem Grund. Der 25 Meter lange Rumpf ist reich geschmückt mit Blumentieren. Am Bug wachsen sogar rote Seenelken. Am Heck gibt es zwei Ruder, von denen eines gut zu sehen ist. Zahlreiche offene Luken gestatten einen Blick unter Deck. Das vermutlich früher schnell laufende Boot mit dem Spiegelheck wurde während des Krieges als Flugsicherungsboot verwendet und soll sogar nach dem Kriege Ausflugsboot gewesen sein. Gerüchte besagen, dass der Rumpf absichtlich versenkt wurde, nachdem die Aufbauten dieses Bootes auf ein heute noch fahrendes Schiff montiert wurden. *Infos: Tauchbasis 6.*

23. Der Walkyriengrund – Ein magischer Unterwasserberg
Weit draußen vor Grömitz befindet sich ein beinahe legendärer Tauchplatz; der Walkyriengrund. Er liegt etwa drei Seemeilen von Grömitz entfernt. Dieses Seegebiet besitzt als große Attraktion einen unterseeischen Berg, der sich aus 22 Meter Tiefe bis in nur noch sechs Meter tiefes Wasser erhebt. Das eigenartige Massiv ist rund 300 Meter lang und 50 Meter breit. Die Steine beim Walkyriengrund haben eine besonders reiche, farbenprächtige Vegetation, was in der eher monochromen Ostsee gebührend auffällt.
Am Walkyriengrund versammeln sich die Jungfischschwärme und locken Sandaale, Dorsche und Steinbutte an. Man beobachtet hier viele Aale und Aalmuttern. Und es gibt sogar Seescheiden.
Auf der Hochebene des Unterwasserberges liegen stählerne und hölzerne Wrackteile, von denen Insider vermuten, dass sie zu einem Schiff der Kaiserlichen Deutschen Marine gehörten. Die Wrackposition ist auf den Seekarten nicht verzeichnet, die Untiefe hingegen schon. *Infos: Tauchbasen 6 und 7.*

24. Die Grömitzer Wracks
Gar nicht weit vom Walkyriengrund existieren in diesem Seegebiet einige kleinere Wracks, die als die Grömitzer Wracks zusammengefasst werden und durchaus einen Tagesausflug wert sind. Auf ebenem Grund sind in 19 Meter Tiefe gleich zwei Motorjachten zu besichtigen, die hier dem Meer zum Opfer

Oben links: Tauchvorbereitungen im Hafen von Neustadt/Holstein.
Oben rechts: Viele Wrackteile in der Lübecker Bucht bleiben rätselhaft.
Unten links: Ausgedehnte Muschelbänke am Walkyriengrund.
Unten rechts: Am schnittigen Bug des Wracks der HOLSTENTOR.

fielen. Diese beiden Wracks sind 8 und 12 Meter lang, und man sollte sich nicht unbedingt ins Innere der Boote begeben wollen, zumal beide Wracks langsam einen hübschen Bewuchs erlangen. Durch die Frontscheiben der Fahrstände kann man jedoch hineinsehen.
Ebenfalls in 19 Meter Tiefe ruht eine kleine Segeljacht mit dramatisch abgeknicktem Mast. Das wohl interessanteste Wrack unter den versunkenen Booten und Schiffen vor Grömitz ist derzeit ein Holzfrachter. Derzeit, denn es ist nicht abzusehen, was noch alles entdeckt wird. Er gilt als das größte bekannte Wrack vor Grömitz. Dieses historische Lastschiff ist tief im weichen Schlick versunken; aber die Laderäume sind noch nicht mit Schlamm gefüllt und können betaucht werden. Der Holzfrachter ist länger als 20 Meter und liegt in 20 Meter Tiefe. *Infos: Tauchbasis 7.*

II. Rügen

Rügen ist eine wunderbar abwechslungsreiche, auf angenehme Weise unübersichtliche Insel. Den Inselkern schmücken zahllose Haken und Nehrungen, Halbinseln und Boddengewässer, Binnenseen, schöne Wälder und erhabene Felsen. Deutschlands größte Insel besitzt 570 Kilometer Küste und ist 926 qkm groß. Die bizarre Landschaft mit beispielsweise mehr als 100 Meter Höhenunterschied zwischen Kreideklippen und Bernsteinstrand schenkt jedem Besucher ganz private Beobachtungen und Erlebnisse.
Der landschaftliche Reichtum Rügens zog schon immer kunstsinnige Menschen an, die hier Inspiration für ihre Werke fanden. So haben die Kreideklippen zu einigen Gemälden von Caspar David Friedrich angeregt, Johannes Brahms vollendete auf Rügen seine 1. Sinfonie in c-Moll und Theodor Fontane ließ Rügensches Flair in »Effi Briest« einfließen.
Neben der Gelegenheit zum Wandern, Rad fahren, Tauchen und Surfen bietet Rügen auch ganz besondere Bauwerke, die von den traditionellen Seebädern und Seebrücken über die klassizistische Residenzstadt Putbus, das Jagdschloss Granitz und die Burg Lietzow bis hin zum KdF-Bad Prora reichen. Für Taucher besonders interessant: Seit kurzem ist im Hafen von Saßnitz ein Museum für Unterwasserarchäologie ansässig, das speziell über die Wrackfunde aus der Ostsee rund um Rügen informiert.
Eine Reise nach Rügen bietet immer Gelegenheit, auch die »Urlaubsklassiker« der Insel mitzuerleben: dazu zählen Unternehmungen wie der Schiffsausflug nach Hiddensee, der Besuch bei den Störtebeker Festspielen in Ralswiek und auch das Deutsche Museum für Meereskunde und Fischerei kurz vor dem Rügendamm in Stralsund. Für Naturfreunde ist sicher ein Besuch der Felsen von Stubbenkammer mit dem Königsstuhl das bleibende Erlebnis. Für viele Menschen gilt Rügen als das Nordkap Deutschlands und die raue, windige Landschaft um Kap Arkona mit ihren Leuchttürmen, der Jaromarsburg und verschiedenen Ausstellungen besitzt eine magische Anziehungskraft.

25. Die Position JURBAKAS an der Kadettrinne

Im Februar 1995 sank nördlich des viel befahrenen Tiefwasserweges Kadettrinne ein großes Fischereischiff, der dänische Fabriktrawler JURBAKAS. Der Grund liegt in diesem Seegebiet nur etwa 21 Meter tief. Das Fischereischiff war reichlich 100 Meter lang, 15 Meter breit und hatte etwa 5380 Tonnen. Teile dieses großen Wracks ragten anfänglich bis in fünf Meter Wassertiefe auf. Weil das Wrack von den Seefahrtsbehörden als eine Gefährdung der Schifffahrt in der Nähe der Kadettrinne angesehen wurde, erfolgte 1998 die Sprengung.

Die Unglücksfähre JAN HEWELIUSZ

Trotzdem die Spezialisten ganze Arbeit leisteten, ist die Stelle am Meeresgrund heute noch interessant. Wüst liegen verwundene Stahlträger und heftig verformte Bleche im Dunkel der Ostsee, ragen noch einige große Schiffsteile vom Grund auf. Der Untergangsort der JURBAKAS ist heute eine surrealistische Landschaft aus Stahl. Und diese bizarre, reichlich Unterstände bietende Region zieht die Fische magisch an. Hier leben besonders viele Dorsche, man sieht Heringe und Makrelen. Die ins Freiwasser aufragenden Schiffsreste sind reich mit fest sitzenden Organismen besiedelt. Es ist jederzeit ein lohnendes Erlebnis, an der Position JURBAKAS (54 Grad 43,0 N, 12 Grad 24,6 E) zu tauchen. Es wird aber meist mehr ein Naturtauchgang als echtes Wracktauchen sein. *Infos: Tauchbasis 9.*

26. Das SANDTRANS-Wrack vor dem Darß

Schon recht westlich von Rügen, nahe am Darß bei Ahrenshoop, liegt das SANDTRANS-Wrack. Dieses Stahlschiff hat eine abenteuerliche Geschichte, die beinahe unglaublich klingt: Die SANDTRANS soll sich 1978 von einem Liegeplatz in Dänemark auf unerklärliche Weise losgerissen haben. Danach trieb das Schiff ohne Besatzung unbemerkt über die Ostsee und strandete am Darß. Hier wurde der Versuch unternommen, das etwa 60 Meter lange und 9 Meter breite Schiff »mit Power« freizuschleppen. Doch dabei kenterte die SANDTRANS und sank.

Das Schiff war einst ein stählernes Frachtschiff, das die Eigner aber lange vor der Katastrophe zu einem Saugbagger umbauen ließen. Das Wrack liegt nun in 15 Meter Tiefe kieloben auf Sandgrund, und es hat leichte Schlagseite. Im Bugbereich kann man problemlos zwischen Deck und Sandgrund tauchen und sich alles genau ansehen. Ein Hineintauchen in das Schiff ist auch möglich, aber gefährlich und nicht zu empfehlen. An vielen Stellen kann man durch Bulleyes ins Wrack hineinspähen.

Die SANDTRANS ist durch die geringe Tiefe und die Tatsache, dass erste Wrackpartien bereits in 5–6 Meter Tiefe sichtbar werden, auch für weniger erfahrene Ostseetaucher ein tolles Erlebnis. Sogar die eindrucksvolle Schiffsschraube ist noch da. Im Wrack wohnen permanent einige große Dorsche und in den Ankerklüsen leben ganzjährig Seehasen oder Lumpfische. Im Frühling, wenn die Laichzeit der Seehasen herannaht, findet man noch mehr von diesen Fischen vor. Sie bevölkern nicht allein die Winkel des Wracks, sondern auch nahe liegende, ebenfalls eine Tauchexkursion lohnende Steinfelder.

Das Wrack liegt etwa drei Seemeilen von der Küste ab und ist – nach Westen – mit einer Wracktonne markiert. Sie erreichen es mit dem Motorschlauchboot der Darßer Basis oder diversen Tauchschiffen. *Infos: Tauchbasen 9 und 13.*

Links: Das windige Kap Arkona hat eine besondere Anziehungskraft auf die Touristen.
Rechts: An der Position der JURBARKOS *sind sehr viele Dorsche anzutreffen.*

27. Tauchen vor Dranske

Dranske ist der nordwestlichste Tauchplatz auf Rügen, an dem man leicht von Land aus tauchen kann. Unmittelbar westlich vor dem Ort Dranske liegen die Uferregionen Rehbergort und Grüner Grund, die für einen Taucheinstieg besonders interessant sind. Unter Wasser werden Sie teils festen Sandboden, teils verstreut liegende Findlinge und regelrechte Steinwälle vorfinden. Steinwälle, die im Sommer von farbenprächtigen Tangen verhüllt werden und Versteck für zahllose kleine Tiere sind.
Gerade der Grüne Grund ist ein hervorragendes Revier für Naturbetrachtungen bei gutem Wetter und auch für nächtliche Fischbeobachtungen. Wenn der Wind auflandig von Westen faucht, wird das Wasser vor Dranske jedoch rasch trübe, und man sollte dann auf die Ostseite der Insel Rügen flüchten.Vor Dranske leben im Sommerhalbjahr zahlreiche Plattfische und große Dorsche dicht unter Land. Man kann Steinbutte finden und die Schwärme von Schwimmgrundeln und Sandaalen ziehen sehen. Makrofotografen müssen nicht unbedingt weit hinaustauchen, weil die Buhnen vor dem Caravanstellplatz Dranske einen reich bewachsenen Mikrokosmos offenbaren.
Vor dem Rehbergort liegen unter Wasser in nur drei bis vier Meter Tiefe Flugzeugtrümmer. Außerdem sind an diesem Ort schon häufig Holzwrackteile sowohl angespült als auch unter Wasser freigespült worden. Der Rehbergort ist immer für eine Überraschung gut. Vor Dranske sind beim Tauchen von Land aus etwa 8–12 Meter Tiefe zu erreichen. In Tiefen größer als 10 Meter kann eine nach der Nordspitze von Hiddensee gerichtete Strömung anliegen, die man per Aufstieg in eine geringere Tiefe meidet.
Falls Sie vor Dranske tauchen möchten, fahren Sie ab dem Rügendamm über Samtens, Bergen, Glowe und Altenkirchen dorthin. Als Einstieg eignet sich das Gelände des Caravanstellplatzes Dranske – falls Sie dort einchecken möchten –, aber auch der Weg zum Meer nördlich dieses Platzes. *Infos: Tauchbasen 10 und 15.*

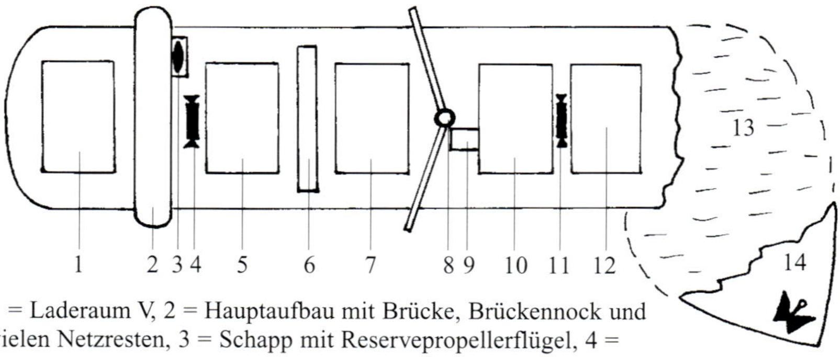

1 = Laderaum V, 2 = Hauptaufbau mit Brücke, Brückennock und vielen Netzresten, 3 = Schapp mit Reservepropellerflügel, 4 = Große Winsch, 5 = Laderaum IV, 6 = Kleine Aufbauten, 7 = Laderaum III, 8 = Mast mit Ladebäumen, 9 = Kleiner Aufbau, Niedergang, 10 = Laderaum II, 11 = Winsch, 12 = Laderaum I, 13 = Über etwa 20 m ausgedehntes Trümmerfeld, 14 = Abgebrochenes Bugteil mit Anker.

Wrack des Erzfrachters FOERKRAT (Draufsicht). Ca. 200 m lang, ca. 13 m breit; Grund 47 m, Deck 42 m tief. Der Wrackliegeplatz erstreckt sich derzeit einschließlich des Trümmerfeldes über etwa 160 m. Wrackposition: 12,5 sm nördlich der Rügenschen Halbinsel Wittow. (Skizze: F. Wieland)

28. Der Frachter FOERKRAT

Etwa 12,5 Seemeilen nördlich der Rügenschen Halbinsel Wittow liegt eine Wrackposition, die die Tauchschiffe nur bei bestem Wetter und augenscheinlichen Bilderbuchbedingungen ansteuern: das Wrack des Frachters FOERKRAT. Dieser gewaltige Frachter war etwa 200 Meter lang und 13 Meter breit. Grundtiefe an dieser Stelle der Ostsee ist 47 Meter, über dem Wrack taucht man durchschnittlich 42 Meter tief. Meist fällt die Markierungsboje in der Nähe des Hecks, weil die achterlichen Aufbauten die beste Echolotanzeige liefern. An Deck des großen Erzfrachters haben wir Taucher mit Luft leider nur eine minimale Nullzeit. Erschwerend kann hinzukommen, dass – gar nicht selten – eine anstrengende Strömung quer zur Längsachse des Wracks anliegt. Um so mehr gibt es an Bord zu entdecken:

Man sieht die achterlichen Aufbauten mit Brücke, es gibt an Deck diverse Winschen, in einem Schapp steht noch immer ein Reservepropellerflügel, ungefähr mittschiffs gibt es noch einmal kleinere Aufbauten und dort liegen auch Ladebäume an Deck. Seitlich kann man in die verschiedenen Decks und Niedergänge hineinsehen. Leicht sind die großen Laderäume zu betauchen, die unter Wasser weit wie ein Handballfeld wirken.

Die gesamte Länge des Wracks ist nur unter Einsatz von Mischgasen oder mit Hilfe von Scootern während eines Tauchganges zu schaffen. Und es waren auch Taucher mit Scootern, die den Namen dieses Wracks am Bug herausgefunden haben und auch dieses berichteten: Die Bugspitze dieses großen Frachtschiffes ist abgebrochen und ruht zur Seite gekippt – mit Ankern – am Meeresgrund. Zwischen dem mehr als 100 Meter langen Hauptteil des Schiffes und dem abgebrochenen Bug liegt ein etwa 20 Meter langes Trümmerfeld.
Häufig herrscht hier draußen wesentlich bessere Sicht als dicht unter Land, und viele Taucher kommen am FOERKRAT-Wrack ohne Lampe aus. Neben der Strömung wäre noch vor den Fischernetzen am Wrack zu warnen. Dieser Erzfrachter kann ein faszinierendes Erlebnis für erfahrene Taucher sein, aber er liegt im Grenzbereich des Sporttauchens. *Infos: Tauchbasis 9.*

29. Die Kreptitz und Möwenort

Seeseitig vor den wenigen Häusern des Ortes Kreptitz liegt eine Küstenlandschaft, die die Einheimischen »die Kreptitz« nennen. Das Meer brandet unterhalb eines malerischen Hochufers, das ganz ohne Felsen auskommt und unter der Gewalt des Meeres da und dort nachrutscht. Obenauf wachsen sehr bizarre, geradezu gespenstische Windflüchterbäume.
Weil es sich um eine geschützte Küstenlandschaft handelt, müssen Autos an einer unübersehbaren Schranke zurückbleiben, und die Tauchausrüstung wäre per Trecking oder Caddy etwa 250–400 Meter bis ans Meer zu befördern. Und das ist eine Anstrengung, die sich durchaus lohnt! Schon etwa 300 Meter vor der Küste erreichen Sie eine Unterwasserlandschaft mit tiefen Furchen, ja sogar betauchbaren Canyons. Angesichts des festen Sandbodens in Ufernähe war das nicht zu erwarten. Und es kommt noch besser: Schon bald tauchen Sie über hoch interessante Kalksteinplatten und -wände hinweg. Felsformationen, die es in dieser Ausprägung rund um Rügen ausschließlich vor Kreptitz gibt. An allen anderen felsigen Stellen dominiert die bekannte Rügensche Kreide.
Dieses Revier schätzen Grundfische wie etwa Steinpicker, Seeskorpione, Aale und Aalmuttern. Die reich strukturierten Verstecke in den Felsen werden auch gern von Seehasen genutzt. Auf dem Hin- und Rückweg haben Sie reichlich Gelegenheit, die Tarnkünste der Plattfische über Sand zu bewundern oder einen Blick auf die goldgelben Meersaiten des Reviers zu werfen. Draußen bei den Kalkfelsen sind 10–20 Meter Tiefe zu erreichen.
Nordöstlich der Kreptitz erhebt sich das kleine Kap Möwenort über die Ostsee. Dieser Tauchplatz liegt vor Bakenberg, und der Zugang ist nur über die Ferienanlage »Uns Hüsung« (mit gebührenpflichtigen Parkplätzen und rustikalen Hütten) möglich. Vor Bakenberg ragt das Hochufer locker doppelt so

Schau mir in die Augen, Kleines ... Porträt des Seeskorpions.

hoch wie in der Kreptitz über die Ostseewellen auf. Seeseitig ist diese Küste sehr schön bewachsen, auf steilen Pfaden zwischen Küstenwald und Sanddornbüschen hindurch muss die Ausrüstung zum Wasser gebracht werden. Rund um den Möwenort zieht meist eine feine, beherrschbare Strömung und sorgt für wunderbar klares Wasser. Unter Wasser wechseln sich Sandflächen mit Steinfeldern ab, finden wir Seegraswiesen ebenso wie Blasentangvorkommen. Der Grund fällt seltsam terrassenartig in geringer Entfernung vom Ufer bis auf etwa 18 Meter Tiefe ab. Vor Möwenort kann man Heringe, Hornfische, Makrelen und das ganze Spektrum der Plattfische zu sehen bekommen. *Infos: Tauchbasen 10 und 15.*

30. Das Höllenliet vor Varnkewitz

Über Bergen und Altenkirchen fahren Sie bis in das winzige Dörfchen Varnkewitz etwas westlich von Kap Arkona. Sie kommen direkt auf die Wendeschleife vor dem Gebäude des früheren Nordhotels zu. Rechts neben beziehungsweise östlich von diesem Grundstück führt ein Fahrweg bis ans Hochufer der Ostsee heran.

Am Höllenliet stehen Sie hoch oben über dem Meer, beinahe so hoch wie direkt am Kap Arkona. Rechter Hand ist das Steilufer nur mit Gräsern bewachsen und schwierig zu nennende Pfade führen hinab zu dem geröllbedeckten Strand. Aber links, direkt vor dem Nordhotel-Grundstück, verbirgt sich ein serpentinenartiger Weg im dichten Küstenwald. Ein anstrengender Weg mit einigen hohen Stufen und Knüppelholzbefestigung. Über diesen Pfad im dichten Grün erreichen Sie die findlingsgesäumte Küste. So manches Mal wird das Flaschenventil durch das Laub rascheln, ehe Sie unten an der Ostsee sind.

Vor Varnkewitz tauchen Sie über Blasentangfelder im Flachwasser, finden meersaitenbedeckte Findlinge, kleine Seegrasflächen und ganze Kolonien von

Plattfischen. Die windexponierte Lage dieses Tauchplatzes hat dafür gesorgt, dass längst alles leicht aufwirbelbare Material hinweggefegt ist, dass der Meeresgrund überwiegend aus festem Sandboden mit diversen Findlingslagern besteht. Und auch auf den Steinen halten sich nur die fest sitzenden Organismen …

Die stete leichte Strömung um das Nordkap von Rügen sorgt auch vor Varnkewitz relativ oft für 10–15 Meter Sicht unter Wasser. Dann lohnt es sich, weit hinauszutauchen in die Welt der truck- und häuschengroßen Findlinge. Diese Felsblöcke sind die echten Oasen des Lebens über dem Sandboden der Ostsee. So sieht man »outside« nicht nur die Fischarten des Freiwassers wie etwa Heringe, Makrelen, Hornfische oder Meerforellen, sondern auch die sesshaften Bewohner der Felslandschaften: Die großen Steine sind reich bevölkert mit Grundeln, Steinpickern, Seeskorpionen, und manchmal sehen wir sogar Kliesschen und Rote Knurrhähne. Wo die Tange auf den Findlingen dicht stehen, können wir minutenlang Seestichlinge und Seenadelarten beobachten. Bei kräftigem auflandigem Wind sollte allerdings auf Tauchgänge vor Varnkewitz verzichtet werden. *Infos: Tauchbasis 10.*

31. Das Wrack bei der Arkona-Tonne

In Sichtweite der Arkona-Tonne ruht ein bislang unbekannt gebliebener Frachter auf dem Meeresgrund. Das große Handelsschiff wird auf 70-80 Meter Länge geschätzt. Das gewaltige Stahlwrack liegt auf der Steuerbordseite und die Bugspitze weist zur Tonne.

Die Grundtiefe beträgt an diesem Tauchplatz 42 Meter. Das Stahlschiff liegt so stark gekippt, dass das zerlöcherte Deck und die sichtbaren Hauptträger senkrecht stehen. Die Aufbauten ragen waagerecht ins düstere Dunkelgrün der Ostsee. Auch die Schiffsschraube ist noch vorhanden.

Der Ostseeboden ist in diesem Gebiet muddig; das heißt leicht aufwirbelbar und dann einen feinen weißen Schleier bildend. Deshalb ist es relativ geschickt, sich neben diesem Wrack auf Decksmitte auszutarieren und das versunkene Schiff auf dieser Höhe schwebend zu erkunden. Man kann tief in offene Laderäume hineintauchen, erhaltene Deckseinrichtungen bewundern und die leidlich intakten Aufbauten ansehen.

Auf dem ganzen Tauchgang scheucht man immer wieder mit dem Lichtkegel der Taucherlampen Dorsche vor sich her. Obenauf auf der flächig mit Miesmuscheln bewachsenen Bordwand leben auch Butterfische. In der Kommandobrücke des Wracks steht meist ein fast mannslanger Dorsch, der sich nicht vertreiben lässt.

Obwohl die Bordwände und Decks große rostige Öffnungen haben und man leicht ins Wrack hineintauchen kann, ist das nicht ungefährlich: Denn überall hängen die riesigen Fetzen von stabilen Schleppnetzen am Wrack fest und lauern förmlich auf Taucher.

Sofern das Wrack auf ganzer Länge in Ruhe besichtigt wird, ist ein Tauchgang in der Nullzeit kaum noch zu schaffen. Erfahrene Taucher tauchen deshalb an der von der Crew des Tauchschiffs jedes Mal neu gesetzten Markierungsboje ab und beenden den Tauchgang nach einer selbst bestimmten Zeit im freien Aufstieg, ohne zur Markierungsboje zurückzukehren. Nur so halten sich die Dekompressionszeiten im Rahmen. An diesem Wrack ist es zweckmäßig, eine Dekoboje mitzuführen, die dem Skipper den Standort der Tauchergruppe anzeigt. An einer solchen Boje kann man sich etwas »schwer« machen und dann ohne ständiges Kompensieren der Dünung die Dekostops absolvieren.
Das Wrack bei der Arkona-Tonne ist für Beginner im Tauchsport nicht geeignet, aber für Erfahrene ein tolles Erlebnis. *Infos: Tauchbasis 9.*

32. Das Prahm-Wrack nördlich Gellort und Kap Arkona
In Sichtweite des Nordkaps von Rügen erscheint auf den Displays der Echolote regelmäßig eine geradezu kastenförmige Kontur. Obwohl die Seeleute der Tauchschiffe beim ersten Anblick dieser Anzeige eine Felsformation vermuteten, wurde die Position untersucht und man fand in 25 Meter Tiefe tatsächlich ein weiteres Wrack vor Arkona.
Auf relativ festem Boden, der bei unvorsichtigen Berührungen allerdings einen feinen weißen Nebel freisetzt, ruht ein stählerner Prahm am Ostseegrund. Der Rumpf dieses antriebslosen Lastschiffes ist ziemlich exakt quaderförmig wie ein Ponton. Dieser Eindruck wird von der Tatsache, dass das Wrack kopfüber am Meeresgrund liegt, noch verstärkt. Alle Deckseinrichtungen dieses Wracks befinden sich unter dem Schiff, sind dicht an den Meeresgrund gepresst.
Die großen Flächen des Schiffsrumpfes sind längst flächendeckend mit kleinen Tangen, Miesmuscheln und filigranen Moostierchenkolonien bewachsen. In den dunklen Winkeln unter dem Wrack haben Dorsche und Aalmuttern ihre Stammplätze. Über den recht eintönig gefärbten Miesmuschelflächen leben hingegen Schwarzgrundeln und auch einige Butterfische, die man über den Muscheln beinahe nicht wahrnimmt.
Wenn Sie dicht am Grund um dieses Prahm -Wrack tauchen, können Sie leicht unter den Schiffsrumpf spähen und auch ein Stück weit darunter tauchen. Deutlich sind große, hier sozusagen von der Decke herabhängende Doppelpoller zu sehen, aber auch Relingsreste, Ruderblätter und die drehbar gelagerte Festmachvorrichtung für die Schlepptrosse.
Die stählerne Schlepptrosse beginnt beim Prahm und endet irgendwo als muschelverkrusteter Stumpen im Nichts. Wer jedoch in diese Richtung weitertaucht, wird mit etwas Glück dennoch den dazugehörigen Schlepper finden. Leider ist nur noch ein Stück hoch aufragendes Vorschiff mit Luken und Steven erhalten, während die anderen zwei Drittel des Schleppers offenbar zu

Links: Das Kreideriff ist die Heimat von Legionen von Schwebegarnelen. Rechts: Seezungen suchen über Weichsediment nach Nahrung.

flach am Boden liegenden Trümmern zerfallen sind. Und dennoch, die Silhouette dieses Vorschiffes im lichtgrünen Ostseewasser hat etwas Dramatisches.
Alles in allem ist das Pendeln zwischen Prahm und Schlepper ein angenehmer, ungefährlicher, leichter Wracktauchgang auch für Taucher mit weniger Erfahrung. Ein Tauchgang, auf dem man die typischen Bewohner von Ostseewracks beobachten und nebenbei ein wenig Kompassnavigation trainieren kann, wenn man möchte. *Infos: Tauchbasen 9 und 10.*

33. Das berühmte Kreideriff vor Arkona

Die attraktivsten Tauchplätze direkt vor Kap Arkona sind leider nur per Boot oder Schiff zu erreichen, von Land aus hat man keine Chance. Deshalb empfiehlt es sich, an Bord eines Tauchschiffes zu gehen oder den Service der Tauchbasis Arkona in Anspruch zunehmen, die Tauchgäste per Motorschlauchboot vor Ort bringt.
Die größte natürliche Attraktion vor Arkona ist ohne Zweifel das berühmte Kreideriff. Dieses Riff war vor Jahrtausenden wahrscheinlich eine gleichmäßig dicke Kreideplatte. Weil die Kreide aber offenbar von sehr unterschiedlicher Konsistenz, von Meter zu Meter verschieden fest und verschieden wasserlöslich ist, konnte das Meer angreifen und seine Spuren in das lediglich 12 Meter tief liegende Kreideriff graben.
Und so finden wir Taucher heute Furchen und Gräben aus Stein vor. Es gibt Canyons und gezackte Felsabbrüche, bizarr ausgelaugte Kreidewände und allerhand wunderliche unbeschreibbare Felsformationen im Riff. Dabei beträgt der maximale Höhenunterschied innerhalb des Kreideriffs von den höchsten Punkten zu den tiefsten, meist am Boden mit feinem Geröll bedeckten Gassen etwa drei Meter.

Wer sich das Kreideriff im Ganzen schneeweiß wie die Felsen von Stubbenkammer vorstellt, wird zunächst enttäuscht sein: Denn obenauf und auf eigentlich allen waagerechten Flächen ist das Riff eher schwarzbraun bis rotbraun von Miesmuscheln und Tangen. Hier leben die Fische und Legionen von Schwebegarnelen. In manchen Sommern kommt sogar der wuchtige ledrige Zuckertang auf …

Die schneeweiße Kreide wird allein an den senkrechten Seitenwänden sichtbar, an Steilabfällen, an den Grenzen der Gassen und Canyons. Es ist schon ein ganz besonderer Tauchgang, gemessen eine solche Gasse im Kreideriff entlang zu schweben, die oben von in der Dünung schwankenden Tangen teils abgedeckt und links und rechts von interessant strukturierten weißen Wänden begrenzt wird. *Infos: Tauchbasen 9 und 10.*

34. Das Arkona-Wrack – Eine uralte Fregatte

Direkt am Kreideriff liegt das Arkona-Wrack. Die Archäologen haben durch viele Tauchgänge herausgefunden, dass dieses Schiff einst eine 30 Meter lange Fregatte gewesen sein muss, die Waffen, insbesondere Kanonenrohre und Kanonenkugeln, transportierte. Die aus Bleiplomben an den Waffen rekonstruierte Untergangszeit um 1718 liegt mitten im Nordischen Krieg; als Dänemark, Schweden und Russland um die Vorherrschaft über die Handelswege auf der Ostsee kämpften. Mittlerweile gilt als sicher, dass es sich um die dänische Fregatte MYNDEN handelt.

Vom Wrack sind heute noch der Schiffsboden, der gewaltige Kielbalken und die Spanten zu sehen. Es bedarf einiger Phantasie, sich das frühere Schiff vorzustellen – und dennoch, es ist an diesem Platz ein faszinierender Tauchgang in die Vergangenheit möglich.

Im Heck des Wracks können wir noch immer einen Stapel ausgemusterter Kanonenrohre sehen, von denen man nicht weiß, ob sie als Ballast eingesetzt waren oder vielleicht auch zugunsten neuer Produkte eingeschmolzen werden sollten. Die meisten losen Funde sind für Museen geborgen worden. Dennoch erfordert dieser wertvolle historische Tauchplatz von seinen Besuchern ganz besondere Vorsicht. Am Arkona-Wrack soll nur in Begleitung von Tauchern des Landesverbandes Unterwasserarchäologie getaucht werden. *Infos: Tauchbasis 10.*

35. Tauchen vor Vitt

Südlich von Kap Arkona liegt das Fischerdorf Vitt an den Hang geschmiegt. Vitt ist ein idyllisches Dörfchen im Wortsinn; ein Bilderbuch-Fischerdorf, das schon oft Filmkulisse für Szenen aus dem Fischer- und Küstenmilieu war.

Wenn Sie zum Hafen hinunterfahren, können Sie leicht unmittelbar vor Vitt von Land aus tauchen. Allerdings ist von hier aus das Kreideriff nicht erreichbar, und man muss sich mit Sandböden, spärlichen Seegraswiesen und Steinfeldern begnügen. Aber vor Vitt existieren sehr abwechslungsreiche Felder von teils fußballgroßen, teils hüfthohen Findlingen, die reich besiedelt sind. Zwischen den Steinen schwimmen manchmal wie Miniaturseeschlangen Exemplare des Schwimmenden Seeringelwurmes umher. An diesem Platz leben viele Grundelarten, Seenadeln, Seeskorpione, Butterfische und Steinpicker.

Aber auch Nachttauchen lohnt vor Vitt. Denn dann sind reichlich Dorsche da, und die filigranen durchscheinenden Ostseegarnelen mit ihren gelben Streifen kommen hervor. Der Tauchgang vor Vitt ist etwas für aufmerksame Naturbeobachter, die sich auch über kleine farbenprächtige Tiere freuen können.

36. Die Unglücksfähre JAN HEWELIUSZ

Halbschräg unter der großen Wracktonne liegt das schwarzbraune Monster JAN HEWELIUSZ in der Tiefe. Das frühere polnische Fährschiff ist 170 Meter lang, und eine ausgiebige Erkundung erfordert mehrere Tauchgänge. Wie ein muschelbewachsener, irgendwie Unheil verkündender Stahlberg liegt das Wrack vor uns in der grünen Dämmerung. Die obere Bordwand des auf der Seite liegenden Wracks erscheint schon in 10 Meter Tiefe.

Bei 27 Metern erreichen wir den relativ festen Ostseeboden. Vor uns tut sich ein finsterer Höllenschlund auf – das Hecktor der Fähre. Es steht offen und wirkt dennoch nicht sonderlich einladend. Die eigentliche Heckklappe und allerlei Kleinteile liegen neben dem Wrack. Tage vor dem Untergang hatte die JAN HEWELIUSZ eine heftige Kollision mit der Kaimauer von Ystad. Danach passte die Heckklappe nicht mehr. Jeweils zwischen den fahrplanmäßigen

Wrack JAN HEWELIUSZ. (Skizze: Michael Töpfer).

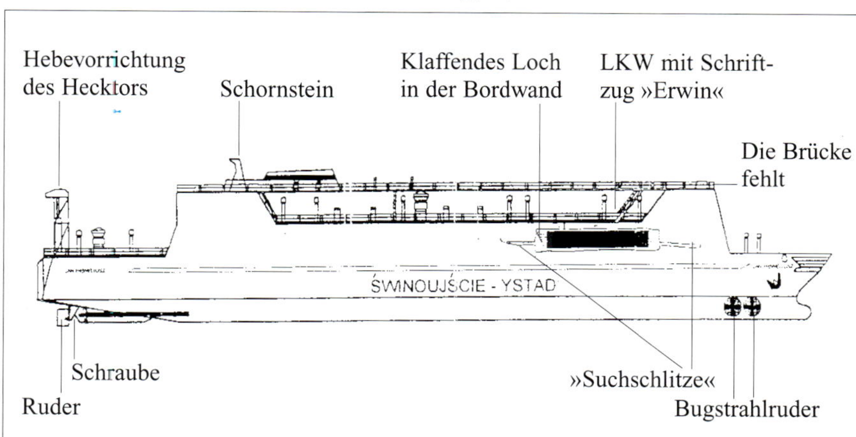

Abfahrtszeiten wurde in Swinemünde an dem Schiff »herumgeschweißt«, dennoch ließen sich nur noch fünf der ehemals zehn Verriegelungen an der Heckklappe schließen …
Die unsichere Heckklappe sorgte »in Kombination« mit Windstärke 10 bis 11 (160 km/h), fehlerhaftem Trimm des Schiffes sowie den nicht fest gemachten Fahrzeugen an Bord am 14. Januar 1993 für eine nicht mehr kompensierbare Schräglage der Fähre im Sturm. Das Schiff war dem Orkan VERENA nicht gewachsen …
Über den seitlichen Schlingerkiel hinwegtauchend erreichen wir Schrauben und Ruder. Die Ruderlage ist auch hier am Ostseegrund noch hart Backbord. Kapitän Ulasiewicz hat das Schiff durch den Wind bringen und wieder aufrichten wollen. Gleichzeitig suchte er wohl Landschutz vor Saßnitz und Nordrügen. Aber das Schiff gehorchte längst nicht mehr und kenterte beim versuchten Wendemanöver durch.
Bei guter Sicht können die Fahrzeugdecks der Fähre betaucht werden. LKWs und Eisenbahnwaggons liegen chaotisch im Schiff. Ein festgemachtes Fahrzeug hängt im Sommer 2000 noch gespenstisch an Ketten. Es ist dunkel im Wrack, nur an wenigen Stellen scheint von der Ostsee düster grüngefiltertes Licht hinein. Ein Betauchen der Fahrzeugdecks bedeutet, Strecken von 70 bis 80 Metern ohne Aufstiegsmöglichkeit zurückzulegen. Das ist nicht jedermanns Sache, aber durchaus aufregend. Jede Gruppe sollte von einem Taucher geführt werden, der das riesige Wrack bereits kennt.
Dunkelheit. Drahttauwerk. Muschelverkrustete Fahrzeuge. Die Ausatemluft reißt Farbreste und kleine Rostplatten von der Decke, die unablässig auf uns herabregnen. Chaotisch verwundene Stahlteile werfen im Lichte der Tauchenlampen drohende Schatten. Besonders schaurig wird es, wenn eine kräftige Dünung die Ostsee und auch das Wrack bewegt. Dann spricht das Wrack zu uns. Es knistert und knackt, es schabt, klingelt oder kreischt manchmal schrill – Stahl auf Stahl. Eine Melodie des Unglücks, die von den meisten Tauchern verstanden wird. Dann ist es Zeit, außen herum zu tauchen.
Das Deck der Fähre steht vertikal im Wasser; Poller, Winschen und anderes ragen ins Freiwasser. Gewaltige Lüfter recken sich, schwarz und kantig hängt einer der Schornsteine über. Hier können wir einen Blick in Decksluken und Laderaumöffnungen werfen. An mehr als einer Stelle beginnt die seit Jahren am Meeresgrund liegende Fähre einzustürzen. Die Kommandobrücke ist längst zerstört.
Genau dort, wo unbekannte Profis die obere Seitenwand des Schiffes aufgebrannt haben, sind die Schäden am größten. Wo Container geborgen wurden. Wo man auf der Suche nach bestimmten Ladungsteilen Prospektionsöffnungen ins Wrack geschnitten hat. Auch das gehört zu den düsteren Geheimnissen rund um die JAN HEWELIUSZ. Was geborgen wurde? Der Container auf dem LKW ERWIN enthielt angeblich Schrauben. Außerdem fehlt ein Eisenbahncon-

Oben: Blick auf den kleinen Hafen von Lohme.
Insert: Strandkrabben vor Lohme.
Unten: Das Prahm-Wrack liegt kieloben, gar nicht weit von Kap Arkona.

tainer mit Teilen für eine schwedische Möbelfabrik. Wer immer hier mit Bergungsschiff und Profitauchern gearbeitet hat … um die in den Papieren eingetragene Ladung ging es sicher nicht …
Wir überqueren das vordere Deck, erreichen die Schiffsspitze und tauchen fast waagerecht am Steven entlang zum Meeresgrund. Da liegt sie vor uns, die gewaltige Fähre JAN HEWELIUSZ. Steven und Wulstbug zeichnen eine riesige Kontur ins Wasser. Das schlafende Schiff, für immer auf die Seite gelegt, im grünen »Notlicht« der Ostsee. Nur Notausgänge gab es keine in jener Sturmnacht.
Vom Bug wieder etwas aufsteigend, erreichen wir die Düsenrohre und Propeller der Bugstrahlruder. Das einst über 100 Meter lange Fährschiff hatte zwei Bugstrahlruder, um im Hafen sicher und ein wenig »piano« manövrieren zu können. Wie man weiß, haben diese Wunder der Technik im Hafen von Ystad nicht geholfen. In den Bugstrahlrudern kann sich ein Taucher quer legen oder mit kompletter Ausrüstung zwischen die Propellerflügel stellen, ganz nach Belieben.
Am Schlingerkiel schwimmen wir zurück zum Heck. Die Fähre hat seinerzeit 54 Menschen mit in die Tiefe genommen. Deshalb betauchen viele Besucher den Kabinentrakt nicht, auch wenn das Schiff von der polnischen Reederei aufgegeben und zum Tauchen freigegeben wurde. Wir verstehen das. Ein aufwühlender Tauchgang geht zu Ende. *Infos: Tauchbasen 9, 13 und 14.*

37. Die Steinfelder vor Lohme

Das hellblaue Meer vor Lohme verbirgt ausgedehnte Steinfelder. Diese befinden sich in Sichtweite des hübschen kleinen Hafens von Lohme. Einen Teil dieser Region kann sich der interessierte Taucher erschließen, indem ab dem großen Findling Schwanenstein am Hafen nach links weg in Richtung Nordost getaucht wird. Häufig ist von Land aus nur eine Tiefe von etwa 10 Meter zu erreichen, ehe die nötigen Schwimmstrecken zur Umkehr zwingen.
Viel leichter lässt sich dieses interessante Seegebiet von Bord eines Taucherschiffes erreichen, das draußen vor Lohme über der gewünschten Tiefe ankert. Dann sind diese Steinfelder leicht zu erreichen, und es lassen sich auch gut Nachttauchgänge durchführen.
Die interessantesten Bereiche liegen in 10–15 Meter Tiefe, wo der grobsandige Meeresboden vom Wellengang zu dreißig Zentimeter hohen Sandkämmen, regelrechten kleinen Sanddünen geformt wurde. Diese Wellenstruktur des Sandes am Meeresboden wird immer wieder wohltuend unterbrochen und aufgelockert durch kleine Steinfelder und kreisförmige Findlingsnester. Oft gruppieren sich viele kleinere Steine um einen größeren zentralen Findling. Wie immer die Natur das verursacht hat … Die Steinlager sind jedoch nur in Ausnahmefällen mehr als hüfthoch.

Links: Im Umfeld des Ueckermünder Kutters leben viele Plattfische.
Rechts: Steven und Spanten eines uralten Segelschiffs vor Prora.

Bei Tageslicht erscheinen die unterseeischen Steinfelder vor Lohme recht verlassen, doch wenn die Sonne sinkt, erwacht das Leben. Dann winden sich Aale aller Größen durch die steinernen Gassen, Aalmuttern und Butterfische kommen hervor, und die Schwarzgrundeln mit ihrem eigentümlich ruckartigen Schwimmstil scheinen von Stein zu Stein zu springen. Wir beobachten hier nicht so viel Dorsch, aber dafür Knurrhähne, in den Tälern aus Sand zahlreiche Plattfische und sogar Strandkrabben. Träge Seeskorpione mit rostroter bis schwarzbrauner Marmorierung müssen häufig das Maul nur kurz aufreißen, um eine kleine rote Schwimmgrundel oder eine Schwebegarnele einzusaugen. Aber die Seeskorpione machen auch vor den Aalen nicht Halt. Bei Nacht ist Action in den Steinfeldern vor Lohme. Der ideale Platz für spannende Naturbeobachtungen bei Dunkelheit.
Sehr ähnliche Tauchplätze erreichen Sie von Land aus, wenn Sie vor Nardevitz-Hellgrund oder Bisdamitz ins Meer einsteigen. An beiden Stellen wird ein anstrengender Ausrüstungstransport vom Hochufer hinunter und zurück notwendig, jeweils 250–300 Meter weit. Hier wären Caddy oder Sackkarre durchaus angemessen. *Infos: Tauchbasen 9 und 10.*

38. Die AMAZONE oder das Zettelwrack

Im Jahre 1920 geriet der Motorsegler AMAZONE bei Saßnitz in schweres Wetter. Augenzeugen von einem anderen Schiff mussten zusehen, wie das Holzschiff in eine furchtbare Kreuzsee geriet und sofort über den Bug in die Tiefe weiterfuhr. Die gesamte Besatzung konnte gerettet werden.
Heute steht das AMAZONE-Wrack in 20 Meter Tiefe auf ebenem Kiel. An Bord des archäologisch betrachtet nicht übermäßig bedeutsamen Seglers befanden sich zwei Besonderheiten: zum einen die inzwischen geborgene Buchhaltung einer Lederwarenfabrik – deshalb auch Zettelwrack –, zum anderen der 200 PS starke Glühkopfmotor, der noch heute vollständig erhalten im Wrack steht.

Die AMAZONE wird selten betaucht und daher sind Deck, Deckshaus, Spill und viele technische Details sehr gut erhalten. Das Wrack liegt im Nationalparkgebiet und kann nur gemeinsam mit Tauchern des Landesverbandes für Unterwasserarchäologie besucht werden. Das ist oft ein sehr anspruchsvoller Tauchgang, denn häufig liegt hier eine starke küstenparallele Strömung an. *Infos: Tauchbasis 10.*

39. Der Lastensegler HARALD bei Saßnitz

Häufig wird von Taucherschiffen der etwa 35 Meter lange Lastensegler angesteuert. Dieses altertümliche Wrack liegt etwa fünf Seemeilen nördlich von Stubbenkammer gar nicht weit von Saßnitz in glatt dreißig Meter Tiefe. Es gilt als sicher, dass es sich um das dänische Segelschiff HARALD handelt. Das Problem des Tauchens an diesem Wrack besteht darin, dass es nahezu direkt in den Routen der von Saßnitz auslaufenden Fährschiffe liegt. Deshalb haben Kapitän und die Taucher für die Lokalisierung des Wracks, für Ankermanöver und die Tauchgänge selbst jeweils nur eine reichliche Stunde Zeit, und alles muss perfekt ablaufen.

Aber die Mühe lohnt sich! Der Bug des Lastenseglers ragt hoch auf, und es ist noch viel vom Schiffsrumpf zu sehen. Über den Bug hängende Fischernetze geben dem Holzwrack einen märchenhaften Touch. Die Holzteile im Wrack mögen von der Takelage und zerfallenen Aufbauten stammen. Zwischen den gewölbten Planken des Schiffsrumpfes und dem Ostseegrund ruhen meist metergroße Dorsche. Auch hier begegnen wir tragischen Aspekten der Geschichte. Dennoch scheint über diesem Wrack schon der Frieden der Jahrhunderte zu ruhen. Im Gegensatz zur JAN HEWELIUSZ ist hier alles still. *Infos: Tauchbasis 9.*

40. Der Ueckermünder Kutter und andere Holzwracks der Prorer Wiek

Ungefähr auf halbem Wege zwischen Saßnitz und Sellin, etwa drei Seemeilen vor der Rügenschen Küste, versank einst ein 17-Meter-Fischkutter aus Ueckermünde. Dieses Wrack ist vom Typ her der übliche Nachkriegsbau aus Holz. Die Grundtiefe liegt am Wrack bei 17 Meter.

Das kleine Holzwrack ruht mit starker Steuerbordschlagseite auf festem, sandig-kiesigem Meeresboden. Der Kutter ist bereits stark mit kleinen Miesmuscheln bedeckt und am Steven finden wir Moostierchenkolonien, Hydroidpolypen und Schwämme.

Dieser Kutter am Meeresgrund ist wahrscheinlich das Wrack des 17-Meter-Kutters SAS 129 FRIEDRICH ENGELS, der später als UEK 50 (für Heimathafen Ueckermünde) fuhr. Das Fischereifahrzeug sank am 29.11.1973 östlich von Rügen.

Das durchbrochene Schanzkleid achtern wird offenbar von Jungfischschwärmen als besonders anheimelnd und Schutz bietend empfunden, denn die win-

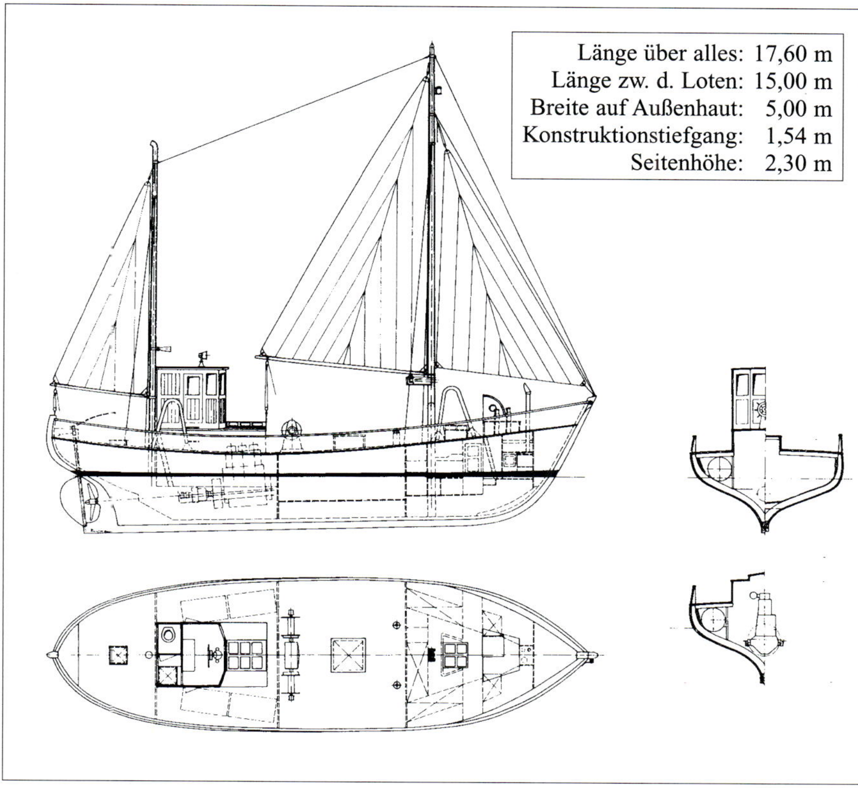

Generalplan des Ueckermünder Kutters.

zigen Fischlein stehen hier oft in großen pulsierenden Wolken. Im Wrackinneren leben einige mittelgroße Dorsche. Man kann sowohl achtern als auch mittschiffs sowie am vorderen Niedergang ins Wrack hineinspähen und sich so eine Vorstellung vom »Platzangebot« auf einem 17-Meter-Kutter machen. Der Einblick reicht bis zum erhaltenen »stillen Örtchen«. Um das kleine Holzwrack nicht zu zerstören, sollte man nicht ins Innere des Kutters tauchen.
Der 17-Meter-Kutter vor Sellin ist eines von den märchenhaften Wracks in der Ostsee. Man kann das Schiff bei Sonnenlicht im Ganzen überblicken und den Anblick der Silhouette umgeben von Fischschwärmen genießen. Nichts Düsteres trübt die Unterwasserstimmung, und auch weniger erfahrene Taucher haben Freude an einem solchen erlebnisreichen Ostseetauchgang.
Über dem platten Sandgrund der Prorer Wiek werden Echos vom Meeresgrund besonders deutlich angezeigt, selbst wenn eventuelle Wrackanzeigen nur noch ein paar zerfressene Spanten bedeuten sollten. Und solche mageren

Links: In den Muschelbänken verbergen sich kleine Tiere wie diese Seenadel.
Rechts: Sellin besitzt Rügens größte und schönste Seebrücke.

bis überraschenden Anzeigen bedeuten dann häufig erstaunliche Erlebnisse am Meeresgrund, sei es ein Großseglerkiel oder das vollständige Gerippe einer Kogge oder zumindest eines koggenähnlichen Segelschiffes. Schauen Sie sich in der Prorer Wiek die Echolotanzeigen genau an, fragen Sie die Tauchschiffkapitäne ... Diese »Seebären« sind gut im Schweigen und wissen so manche erstaunliche Position ... *Infos: Tauchbasis 9.*

41. Rund um Granitzer Ort bei Binz

Die Ortslage von Binz ist in der Hochsaison schwer zugänglich. Dennoch ist es sehr interessant, neben der Binzer Seebrücke zu tauchen, und das ganz besonders nachts. Bitte beachten Sie den Schiffsverkehr und lassen Sie sich von der örtlichen Basis beraten.

Die wirklich schönen Binzer Tauchplätze sind die beiden kleinen Kaps Silvitzer Ort und Granitzer Ort direkt vor dem Granitzer Forst. Leider kann hier landseitig nicht herangefahren werden und es ist zu empfehlen, das Tauchgebiet mit Hilfe der örtlichen Basis per Motorschlauchboot aufzusuchen. Direkt vor dem Granitzer Ort gibt es eine Ansammlung sehr großer Findlinge bis hinunter in 14 Meter Tiefe, die hier das Seehundsriff heißt. An diesem Tauchplatz kann man tatsächlich wilde Felsgassen und Steinbänke betauchen und dabei auch viele Fische beobachten.

Vor Silvitzer Ort gibt es ausgedehnte Tangfelder mit allerhand Getier für Makrofotografen und sogar die Reste eines Segelschiffswracks in 4–5 Meter Tiefe zu sehen. *Infos: Tauchbasen 11 und 12.*

42. Sellin und das Quitzlasriff

Sellin besitzt die mit 400 Meter Länge wohl größte und auch schönste neue Seebrücke auf Rügen. Selbstverständlich sind die Pfeiler der Seebrücke interessant bewachsen und nachts versammeln sich viele Fische unter dem Bauwerk. In Sichtweite der Seebrücke können Sie in Sellin parken, haben dann allerdings einen Abstieg mit Equipment über lange Treppen vor sich ... Vor dem Ausrüsten unbedingt ansehen!

Neben der Seebrücke befinden sich die Reste der alten Seebrücke im Wasser, die sogar über 500 Meter lang war. Diese Trümmer sind ein hervorragendes Hartsubstrat für fest sitzende Tierarten und flächendeckend besiedelt. Dort könnte man stundenlang kleine Tiere beobachten …
Nordöstlich von Sellin liegt das Quitzlasriff: eine bedeutende Anhäufung von unterseeischen Findlingen. Dies ist einer der altbekannten, traditionellen Ostseetauchplätze um Rügen, der allerdings nur mit ortskundigen Guides per Boot oder Schiff zu erreichen ist. *Infos: Tauchbasen 11 und 15.*

43. Das Wrackfeld bei der Greifswalder Oie

Weit draußen vor dem Greifswalder Bodden liegt die Greifswalder Oie in der Ostsee. Es ist ein lang gestrecktes, winziges Inselchen mit wenigen Häusern und einem Leuchtturm. Ein windexponierter, sturmumtobter, ja geheimnisvoll anmutender Ort. Die Insel wird zum Teil von vorgelagerten Sandbänken und Steinfeldern umgeben. Rund um die Oie sollen hunderte Schiffe gescheitert sein. Doch die meisten davon sind spurlos verschwunden, weil die Wracks hier entweder völlig einsanden oder vom Seegang über flachem Grunde zerschlagen werden.
Die geringe Tiefe und die für ankernde Taucherschiffe völlig ungeschützte Lage lassen nicht gerade an jedem Tag Tauchgänge an diesem geschichtsträchtigen Platz zu. Aber das Tauchen bei der Greifswalder Oie ist etwas ganz Besonderes: Das massive Echo auf dem Display des Echolotes erweist sich unter Wasser als ein höchst kompliziertes, geradezu komplexes Feld von Wracks:
Wir entdecken den riesigen Kielbalken eines alten, sehr großen Segelschiffes, daneben die Ballaststeine, mannsdicke Spanten ragen auf in die grüne Dämmerung der Ostsee. Die wuchtigen Rundhölzer mögen einst Masten gewesen sein, es finden sich auch uralte Stegankerketten und sogar ein hölzernes Spill. In diesem großen Wrack vermutet man die MARGARETE, ein hölzernes Frachtschiff, das mehr als 30 Meter lang war.
Nahe dabei, beinahe in das Wrack des großen Seglers hineinragend, liegt ein kleines Holzschiff. Viel kleinere, dünnere, dichter stehende Spanten beweisen, dass dieses zweite Segelfahrzeug ungleich zierlicher gewesen sein muss als die MARGARETE. Vielleicht sind die beiden Schiffe sogar miteinander kollidiert. Wir werden es nie erfahren, auch wenn verschiedene Ketten, Taue und Holztrümmer diese beiden Wracks regelrecht zu verbinden scheinen.
Gar nicht weit vom Trümmerfeld entfernt ruht ein großer Stockanker auf dem sandigen Meeresboden. Schon eine Fluke dieses beeindruckenden Ankers ist so lang wie ein ganzer Taucher. Dieses gute Stück passt von der Größe her gar nicht zu den beiden Holzwracks, wäre völlig überdimensioniert. Ob hier ein Großsegler einen seiner Anker im Wrackfeld verloren hat?

Ganz am Ende des Trümmerfeldes entdecken wir einen drei bis vier Meter langen modernen Patentanker, den wohl einst ein Stahlschiff aufgeben musste. Außerdem sind über das Grab der beiden Holzschiffe eine Vielzahl von Blechen und rostigen Metallteilen verstreut, die wohl aus Schiffskatastrophen in jüngerer Zeit stammen. Dieses Wrackfeld ist ein äußerst spannender Ort, an dem es auf vielleicht 150 mal 80 Meter Fläche in nur 12 Meter Tiefe noch vieles zu entdecken gibt. Für die Naturfreunde fehlt es natürlich auch nicht an Miesmuscheln, Meeresschnecken, Garnelen, Grundeln, Seeskorpionen und Dorschen. Gerade die größeren Dorsche schätzen Verstecke in Wracks sehr. Häufig können wir an diesem Wrackfeld auch handgroße Barsche beobachten. *Infos: Tauchbasis 9.*

44. Das Minensucherwrack M-14

Ungefähr sechs Seemeilen nördlich von Usedom, etwa vor Zinnowitz, ereilte den Minensucher M-14 auf so nicht erwünschte Weise das Schicksal: Das Schiff »fand« am 3. April 1945 eine Grundmine, die es prompt in zwei Stücke riss und versenkte. Das ehemals 68 Meter lange und 9 Meter breite Schiff liegt sehr eigentümlich in 12 Meter Tiefe, und gerade bei schlechter Sicht muss man sich erst einmal hineindenken:

Das Vorschiff liegt auf der Backbordseite, es gibt allerhand wirre und scharfkantige Trümmer und das Heck schließt kieloben an. Von der Bruchstelle aus kann man recht gut ins Schiffsinnere hineinblicken. Der besser erhaltene, spannendere Bereich ist eindeutig der Bugteil.

Von den Schrauben ist nur noch eine vorhanden, die immerhin 2,5 Meter Durchmesser hat. Leider herrscht in diesem Seegebiet nur selten gute Sicht, was es außerordentlich erschwert, dieses interessante Wrack kennen zu lernen. Beim Wrack steht eine Gefahrentonne im Wasser.

Der Minensucher M-14 hat einen beinahe legendären Ruf, was seine Gefährlichkeit, die noch darin lagernden »Tonnen« Munition und »Massen« von Diesel angeht. Einen Ruf, den nicht tauchende Lokalreporter während des »Presse-Sommerlochs« alljährlich stärken.

Die genannten und überdies vermuteten Zahlen stehen in keinerlei Verhältnis zur Schiffsgröße, verursachen jedoch immer wieder die Erwägung eines Tauchverbotes. M-14 ist eindeutig ein militärisches Wrack. Deshalb ist es einfach vernünftig, dort nichts anzufassen und bei schlechter bis mäßiger Sicht auf das Hineintauchen ins Wrackinnere zu verzichten. *Infos: Tauchbasen 9 und 13.*

Große Tange wogen über den Steinfeldern rund um Granitzer Ort.
Insert: Steinbutte sind oft vorzüglich getarnt.

III. Bornholm

Das dänische Bornholm liegt mitten in der Ostsee und näher an Schweden als am Mutterland Dänemark. Wenn die Ostsee rund um Bornholm zufriert, schreiben die Inselzeitungen, dass die Welt von Bornholm abgeschnitten sei. Denn die Welt ist irgendwo außen herum weit weg, während Bornholm schon ihr Mittelpunkt ist …
Bornholm ist 588 qkm groß und hat 141 Kilometer Küstenlinie. Auf einer lediglich 30 mal 40 Kilometer großen Insel sind natürlich alle Ausflüge völlig entspannte Tagestouren, ob Sie nun tauchen oder die nordische Kultur genießen wollen. Und da hat Bornholm einiges zu bieten: Mit der Burgruine Hammershus finden Sie auf der Insel die zweitgrößte Wehranlage Skandinaviens nächst Visby. Die vier wuchtigen Rundkirchen auf Bornholm gelten sogar als weltweit einzigartig. Aber es gibt auch nordische Felszeichnungen, Runensteine, Schiffssetzungen und Bornholms Kunstmuseum. Beinahe alle größeren Orte sind sehr gepflegte Städtchen und Dörfchen, die durch erhaltene Mühlen, historische Räuchereien und kleine Häfen eine ganz besondere Atmosphäre bekommen.
Die Landschaften der Insel sind sehr vielfältig: Rund um das Nordkap zieren typisch skandinavische Klippenküsten die Insel, während im Süden Sandstrände à la Jütland dominieren. Im Inselinneren liegt Dänemarks zweitgrößter Forst Almindingen mit diversen Seen, Sümpfen und idyllischen Felstälern. Bestimmte Felsformationen der Küste wie etwa Jons Kapel, Helligdommen, die Kamelkopffelsen, die Löwenköpfe oder auch die als »nasse Öfen« titulierten Wasserhöhlen der Küste sollte man einfach gesehen haben.

45. Rubinsøen und Sorthat – See und Riff

Südlich von Hasle führt der Judegårdsvej von der Straße nach Rønne weg Richtung Ostsee. Wenn Sie sich an einer Gabelung links halten, erreichen Sie über gut befahrbare Waldwege einen malerischen blassblauen See zwischen Birken. Vielleicht hatte der See einst einen Rot-Touch, der für den Namen Rubinsøen sorgte?
Lesen wir, was Bisseline von Bornholm – die letzte Überlebende des von der Sturmflut Anno Domini 1872 ausgerotteten Elfenkoboldgeschlechtes – am Rubinsøen erlebte:
Bisseline machte große Augen, als sie im Wald bei Hasle einen roten See entdeckte. Sie setzte sich in den Schatten zweier alter Weiden, die dicht am Seeufer standen und vertraulich miteinander flüsterten. Sie erzählten sich von alten Zeiten.

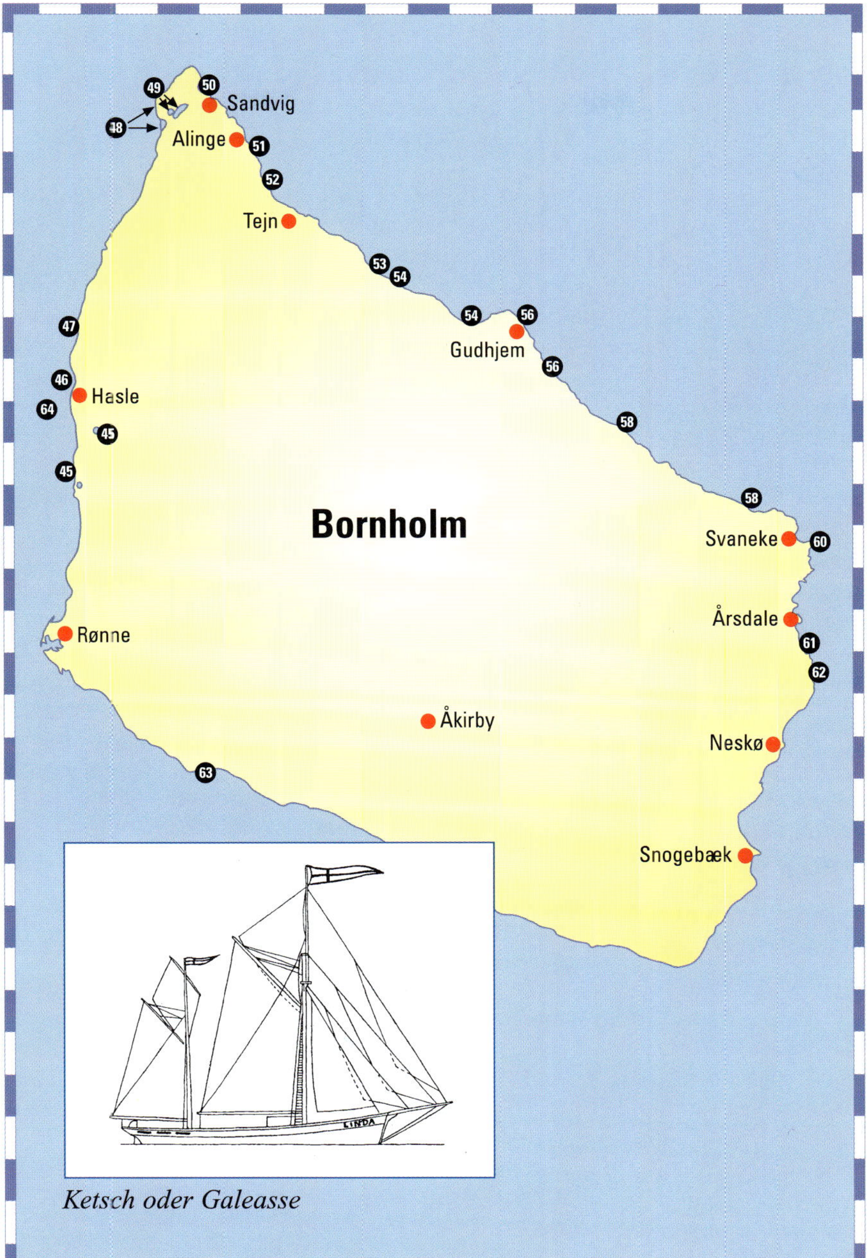

Ketsch oder Galeasse

»Nein, weißt du was. Das Leben war damals doch spannender, als sie hier Braunkohle zu Tage förderten«, knarrte der eine Baum. »Es war aber doch gut, dass sie nicht die Erde unter uns weggegraben haben.«
»Ja, nun wachsen wir ja direkt am Seeufer«, flüsterte der andere Baum. »Denk nur einmal, dass die alte Braunkohlengrube sich mit Wasser füllen sollte und nun Rubinsee heißt.«
»Das ist ja ganz natürlich, dass er Rubinsee heißt«, sagte der erste Baum verdrießlich. »Die Widerspiegelung vom Grunde des Sees bewirkt, dass das Wasser rot aussieht. Ich würde nun eigentlich lieber an einem blauen See wachsen wollen. Blau passt so gut zu meinen grünen Zweigen.«
Der stille Waldsee hat steile Böschungen und ist dicht von Büschen umstanden, so dass er nahezu nicht zu befischen ist. Daher werden Sie hier ganz allein sein. Und der grüne Bewuchs der Steilufer scheint sich unter Wasser fortzusetzen.
Im Waldsee liegen zahlreiche versunkene Bäume, geschmückt von bizarren Schleimalgengebilden. Hier lauern große Hechte, aber auch Barsche sind als ungewöhnlich große Individuen vertreten. Der steil wie viele alte Kohlegruben in die Tiefe abfallende See hat eine schmale Schilfzone, Sie finden malerische Laichkräuter und seltsam erodierte Berge am Grund. Da und dort liegen sogar Granitfindlinge im See. Meist spielen Weißfische vor der Schilfzone oder jagen im durchsichtigen Wasser nach Kleinkrebschen. Man beobachtet Karauschen, aber auch Schlammschnecken in diesem schönen Süßwassersee. Die submersen Blütenpflanzen sind durch Krauses, Schwimmendes und Grasförmiges Laichkraut vertreten. Es gibt Teichmuscheln und Krebse. Und überaus große Aale, die den Krebsen nachstellen.
Selbst am Grunde liegender Schrott ist längst von verhüllenden, fotogenen Algenbelägen überzogen. Besonders schön sind die ausgedehnten Seerosenvorkommen, deren Blätter in den kalten Jahreszeiten weinrot unter Wasser stehen. Ein bizarrer Dschungel spiralig gewundener Stängel! Der Rubinsøen ist eine Kostbarkeit, eine ungewöhnliche Abwechslung im Meerestauchgebiet Bornholm. Freilich erfordern die steilen Böschungen des Sees eine gewisse Anstrengung, zum Wasser zu kommen.
Wenn Sie vom Rubinsøen in Richtung Muleby und Sorthat weiterfahren, finden Sie im Wald weitere fischreiche Süßwasserseen. Safirsøen und Smaragdsøen sind leichter zugänglich als der Rubinsøen. Daher sind diese beiden Seen bei den Anglern beliebter. In den Smaragdsøen wandern sogar Meerforellen ein, weil durch ihn der Bach Baggeå zum Meer fließt. Für Rubinsøen, Safisøen und Smaragdsøen gibt es Angelkarten beim Hasle Familiencamping sowie beim Spar-Kaufmann in Muleby. Die Bornholmer Taucher steigen ohne besondere Absprachen in alle Seen ein.
Bei Sorthat können Sie problemlos bis in unmittelbare Nähe der Ostsee fahren. Etwa von Sorthat bis Hvide Odde erstrecken sich flache Grundriffe in

Links: Die Felstürme der Helligdomklippen.
Rechts oben: Typisch für Bornholm – frühchristliche Rundkirche.
Rechts unten: Die Festungsruine Hammerhus ist eine der größten skandinavischen Wehranlagen.

der Ostsee parallel zum Ufer. Große Steine mit wogendem Blasentang, poröse Kanten felsiger Riffe und kiesiger Grund sind der Lebensraum, über den Sie vor Sorthat tauchen können.

An Steinen finden Sie hier und dort die bekannten Seepocken. In den vulkankegelförmigen Gehäusen wohnen Rankenfußkrebse. Die zierlichen Rankenfüße fahren immer wieder stoßweise aus dem Gehäuse und werden ruckartig zurückgezogen. Dadurch erhält der Rankenfußkrebs im Gehäuse sauerstoffreiches Frischwasser und Planktonnahrung. Mit einer für Makroaufnahmen geeigneten Optik ist es in der Dünung der Ostsee ein Geduldsspiel, den Rankenfußkrebs »ausgefahren« auf den Film zu bannen. Die Rankenfußkrebse in den weißen Kalkkegeln haben sowohl männliche als auch weibliche Geschlechtsorgane. Obwohl sie stationär leben und sich nicht zueinander bewegen können, findet eine Fremdbefruchtung statt – mittels eines langen Penis, der zu benachbarten Tieren reicht.

In zahlreichen Berichten über die zentrale Ostsee und Bornholm ist zu lesen, dass Seepocken auf Grund des Salzmangels hier nicht mehr leben, an ande-

rer Stelle wird ihr Dasein als zum Lebensraum gehörend geschildert. Die Wahrheit liegt – wie so oft – irgendwo in der Mitte. Die Rankenfußkrebse sind um Bornholm spärlich und klein, die Bedingungen sind hart! Um sich ein Bild zu machen, sollte man nicht nur nach den vorhandenen Kalkgehäusen sehen, sondern auch danach, wie viele Gehäuse von lebenden Krebsen bewohnt sind! Dabei stellt man schnell fest, dass manchmal nur in jedem zehnten Gehäuse ein Rankenfußkrebs zu Hause ist, während viele der verlassenen Kalkkegel von Meerflohkrebsen und anderen Tieren okkupiert sind. Die planktonischen Larven von Seepocken überleben im Ostseewasser nicht, weshalb vor Bornholm immer nur ein paar Tiere übrig bleiben, wenn sich während eines kräftigen Salzwassereinbruches in die Ostsee ein paar Larven zum Rankenfußkrebs entwickeln können. Vor Sorthat beobachten Sie mit Glück Meerforellen, Hornhechte und zwischen den Algen auch Dreistachlige Stichlinge. Auch Flundern sind häufig. Letztere haben in den tiefen Regionen vor Bornholm, vor Arkona und vor Danzig ihre östlichsten Laichplätze.
Bisweilen kann auch vor Sorthat gut verfolgt werden, wie Ohrenquallen über Heringslarven herfallen und diese in großer Zahl vertilgen. Kein Wunder, dass die Fischer über die in der nährstoffreicher gewordenen Ostsee ebenfalls zunehmende Quallenzahl verärgert sind. Obwohl das Tauchen vor Sorthat bis Hvide Odde interessant ist, muss auch eine Warnung ausgesprochen werden: Insbesondere das Seegebiet vor Sorthat ist die berüchtigteste Stelle von ganz Bornholm, an der bereits bei leichtem auflandigem Wind gefährliche Unterströmungen auftreten. In einem solchen Falle sieht der auflaufende Wellenschlag für Taucher noch ganz harmlos aus, aber – die Unterströmung könnte ihre Kondition überfordern. Vorsicht!

46. Die Kohle- und Sandsteinfelder vor Hasle

Nordwestlich vor dem Hafen von Hasle können wir eine höchst ungewöhnliche Unterwasserlandschaft entdecken. Beinahe schon von der Wasseroberfläche aus ist ein Meeresgrund zu erkennen, der tiefe Gräben, Furchen und Schluchten aufweist. In dieser Region ist es nur um die 10 Meter tief. Und der Meeresboden ist löcherig wie ein Schweizer Käse, regelrecht zerfressen, offenbart da und dort geologische Schichtungen.
Durch so manche Öffnung im Stein, aber auch durch einige kleine Canyons können voll ausgerüstete Gerätetaucher hindurchschwimmen. Diese Meeresregion heißt bei den Bornholmern »die Sandsteine«, denn die unterseeische Felslandschaft besteht aus in unterschiedlichem Maße ausgehöhlten Schichten von Kohle und Sandstein. Aber auch Kreide ist an den Formationen mit beteiligt. Drei poröse, zu wunderlichen Formen neigende Mineralien, die vom Ostseewasser unablässig ausgeformt und zernagt werden. Vielfach sind im Sandstein seltsame ovale Schlitze zu sehen, die mit Kohle- und Kreideablagerungen gefüllt sind.

Links: Taucheinstieg südlich von Helligpeder.
Rechts: Im Freiwasser der Ostsee beobachten wir manchmal die kräftig nesselnde Gelbe Haarqualle alias Feuerqualle.

Dieser Tauchplatz bei Hasle hat eine ähnliche Geschichte wie einige britische Küstenabschnitte auch: In der Vergangenheit lebten Menschen davon, die angespülte Kohle des Meeres zu sammeln, zu trocknen und zu verkaufen. Ein hartes Brot als Bergmann des Meeres … Die Souvenirs dieses Tauchplatzes sind dann auch eigentümlich glänzende Kohlestücke, wunderbar gemaserte Sandsteine und bizarre Kreidebrocken. Geschenke der Natur, die fast jeder Bornholmer Taucher auf der Fensterbank stehen hat. Über dieser Felslandschaft kann nicht viel Sediment aufgewirbelt werden, und es herrscht oft gute Sicht. *Infos: Tauchbasis 16.*

47. Südlich Helligpeder

Von der Straße Hasle – Allinge zweigt nördlich von Hasle eine schmale Küstenstraße in Richtung Helligpeder und Teglkas ab. Diese Straße direkt am Meer bietet mehrere kleine Park- und Rastplätze etwa 20 Meter vom Wasser, zum Teil mit Tisch und Bänken. Wir Taucher haben dann nur noch einen Strand aus großen Findlingen zu überwinden.

Der Einstieg gestaltet sich schwierig, denn die Findlinge setzen sich unter Wasser fort und vor allem jene in der Brandungszone sind im wahrsten Sinne des Wortes aalglatt bewachsen. Sobald diese Anfangsschwierigkeiten überwunden sind, erwartet Sie eine interessante Unterwasserwelt. Da gibt es hellgrüne bis goldgelbe, drei viertel Meter hohe »Blasentangbäumchen«, haarfeine grüne Tange, Felsenzweigfadenalgen und unter Überhängen Seepocken und Miesmuscheln. Im Revier sind Aal und Aalmutter zu Hause, hier leben Schwarzgrundeln, Ohrenquallen, Flohkrebse und Meerasseln.

Immer wieder stoßen wir auf übermannshohe Felsquader, es gibt interessant grün-geäderte Steine und ein Teil des Gerölls ist nicht richtig rund, sondern eigentümlich »laugnapfartig« vom Wasser angefressen. An vielen Stellen finden wir Steine, die völlig von den federnden Bulten des y-förmig verzweig-

Links: Wasserhöhlen in den Küstenfelsen nennt man auf Bornholm »nasse Öfen«.
Rechts oben: Der Hammerhafen in der Nähe von Sandvig.
Rechts unten: Wogende Meersaiten vor dem Hammerknuden.

ten Gabelzweigtanges überzogen sind. Ein idealer Ruheplatz für die agilen Schwimmgrundeln. Vereinzelt wächst vor Helligpeder sogar die Zottige Meersaite.

48. Hammerhavnen und Hammerknuden – Paradies der Wanderer und Schnorchler

Nördlich der Festungsruine Hammershus befindet sich der Hammerhavnen mit seinen langen Molen. Hier sieht man bisweilen Fischerboote, aber vor allem liegen kleine Ausflugsboote festgemacht, deren Skipper Touren vor die Steilküste anbieten. Auf einer solchen Ausfahrt können Sie den seeseitigen Anblick von Hammershus bewundern, Sie erleben eine urwüchsige Felsküste und meist wird sogar in einen nassen Ofen (befahrbare Wasserhöhle) der Klippenküste hineingefahren. Die größte betauchbare Höhle unterhalb von Hammershus reicht immerhin 38 Meter in den Felsen hinein und hat am Eingang zum Meer hin vier Meter Tiefe. Unterhalb von Hammershus gelten die

Kamelhovederne (Kamelköpfe) und die Løvehovederne (Löwenköpfe) als die bemerkenswertesten Felsformationen Bornholms nächst Helligdommen.
An den Hammerhavnen können Sie heranfahren und haben in Form eines großen Parkplatzes einen günstigen Ausgangspunkt für Tauchabenteuer. Wenn Sie am Nordende des Hafens einsteigen, geraten Sie in ein Reich von sehr dicht mit Tangen bewachsenen, großen runden Findlingen. Die Tange und Meersaiten sowie die Wasser- und Luftspiele der brandenden Wellen über den Findlingen sind sehr fotogen.
Am ganz besonders wellenumtosten Nordende der Insel wird deutlich, dass die wellenschlagfesten Tange als hochentwickelte Algen völlig dominant sind, während sich empfindlichere marine Blütenpflanzen wie das Seegras auch auf Weichbodenabschnitten nur selten halten können.
Vor Hammerhavnen heraustauchend beobachten Sie ganz besonders viele Meersaiten.
Wenn der Seegang nicht gar zu rau ist, sollten Sie sich die Meersaiten gut ansehen. Oft halten sich kleine Schlangennadeln mit ihrem Wickelschwanz an Meersaiten fest und entgehen so völlig der Aufmerksamkeit. Im Lebensraum zwischen Meersaiten und Blasentang sind hier natürlich auch Schmalschnäuzige Seenadeln (auch Grasnadeln) und kleine Dorsche zu Hause. Seenadeln zeigen ein besonders interessantes Brutpflegeverhalten: Bei dieser Familie tragen die Männchen die befruchteten Eier in die Bauchhaut eingebettet mit sich herum, bis die Jungen schlüpfen.
Wenn Sie Richtung Norden an der Steilküste entlang tauchen, sind – nicht ganz leicht – in zwei bis sechs Meter Tiefe die Eingänge zu zwei kleinen Höhlen zu entdecken, in deren oberen Teilen sich der Taucher in Luftglocken befindet. Dorthin sind es allerdings mindestens 20 Minuten Schwimmstrecke ab dem Hammerhavnen. Solche Kreationen der Natur sind im Granit relativ selten.
Hammerhavnen und Sandvig sind die nördlichsten Tauchplätze, die per Auto zu erreichen sind. Der gesamte Granitbuckel, der als Hammeren oder Hammerknuden bezeichnet wird, ist Naturschutzgebiet. Hier kann man ausgiebig durch die berühmte Wacholderheide wandern und sich an Adlerfarn, Echter Mondraute, Bärlappgewächsen, Knabenkraut und weiteren botanischen Seltenheiten erfreuen. Die Kleinseen beim Hammerknuden sind nicht betauchbar, besitzen aber eine seltene Flora mit Rundblättrigem Sonnentau und Natternzunge. Eine Wanderung über den Hammerknuden ist ein beruhigender Spaziergang durch eine ursprüngliche karge Küstenlandschaft. Längst ist Salomons Kapel, eine alte Kapelle der Fischer, verfallen und von Kräutern umstanden. Über den Hammerknuden pfeift der Wind und formt die charakteristischen Windflüchter aus kleinen Kiefern.
Vor allem die kleinen klaren Buchten an der Westküste des Hammerknudens laden zu sommerlichen Schnorchelausflügen ein. Dabei wird man allerhand

kleine Tiere, wie Grundeln, Stichlinge, kleine Ohrenquallen und Sandaale, zu sehen bekommen. Interessant sind auch die dem Meer zugewandten nackten Felsflächen, auf denen der interessierte Besucher drei deutlich abgetrennte Zonen erkennen kann. Kurz über der Wasserfläche besteht die rabenschwarze Maurazone mit Warzenflechte. Falls Ihre Kinder über dieses schwarze Zeug mit Sachen dahinrutschen, werden Sie Mühe haben, das beständige Schwarz wieder zu entfernen. Über der Maurazone schließt sich die gelbrot gefärbte Placodiumzone an. Hier wechseln sich die rötliche Quarzflechte und die messinggelbe Wandflechte unregelmäßig ab. Ganz oben, wo zwar nur selten ein Spritzer Meerwasser hinkommt, aber noch längst keine höheren Pflanzen überleben können, befindet sich die graugrüne Ramatinazone. Diese wird von der Zweigflechte dominiert.
Während für Schnorchler in unmittelbarer Küstennähe vor allem Makromotive wie zum Beispiel die Nester Dreistachliger Stichlinge interessant sind, kann ein ausdauernder Schwimmer weiter draußen auch die so genannten hochseepelagischen Fische entdecken. Diese Fische leben nicht nur überwiegend im Freiwasser, auch ihre Eier und Larven müssen im Freiwasser treibend überleben. Deshalb setzen diese Arten riesige Mengen befruchteter Eier ins Freiwasser ab. Vor dem Nordkap von Bornholm kann man sich bisweilen Schwärmen von Sprotten oder Makrelen nähern. Dorsche jagen dagegen nicht unbedingt gemeinsam.
Im Gegensatz zu hochseepelagischen Arten wie Sprotten, Dorschen und Makrelen kleben beispielsweise Hering und Hornhecht ihren Laich an feste Substrate, meist an Pflanzen. Auf diese Art sind die Eier geschützter. Verluste gibt es erst nach dem Schlüpfen der Larven, welche besonders zahlreich von Ohrenquallen gefressen werden. In der Ostsee haben vor allem große Sandaale ein ähnlich breites Nahrungsspektrum wie etwa Barsche im Süßwasser. Die großen Sandaale jagen zeitweise Heringslarven oder Jungfische, können sich aber auch ganz »bescheiden« von Kieselalgen ernähren.
Der Hammerknuden ist vor allem für den stillen Naturgenießer, der als Wanderer und Schnorchler mit wenig Technik seinen Interessen nachgeht, ein Paradies der Extraklasse. Es gibt nichts Schöneres als einen windstillen Tag an den kleinen Buchten von Hammeren.
Dieses feine Wandergebiet setzt sich in Form der südlich von Hammershus angrenzenden Schloßheide Slotslyngen fort. Aber dort ist die Felsküste bereits so steil, daß Sie kaum noch zum Baden ans Meer absteigen können. *Infos: Tauchbasen 16 und 18.*

49. Hammersø und Opalsø – Fjellsee und Fotopool
Rund um Hammeren konzentrieren sich die interessanten Tauchplätze. Nicht nur, daß das Meer um Bornholms nördlichsten Granitbuckel viele spannende Einstiegsstellen aufweist, auch im Landesinneren befinden sich zwei der größ-

Nur eine natürliche Landbrücke trennen Steinbruchsee (vorne) und Bergsee.

ten und eigenartigsten Binnenseen der Insel. Auf der Zufahrtsstraße zum Hammerhavnen erreichen Sie einen kleinen abzweigenden Fahrweg, der direkt bis zu einer Stelle zwischen Hammersø und Opalsø führt, wo man parken kann.

Der Hammersø ist auf natürlichem Wege entstanden. Der lang gestreckte See gilt als Bornholms einziger Bergsee, und man hört für ihn vielfach die norwegische Bezeichnung Fjellsee. Der See ist mit einer Fläche von zehn Hektar, 650 Metern Länge und 150 Metern Breite das größte Binnengewässer der Insel. Die nahezu parallelen langen Seiten des Hammersø fallen als felsige Steilwände in die Tiefe, während die Schmalseiten des Sees allmählich tiefer werden; etwa wie die verschütteten Endstücke eines alten Tales. Im Hammersø werden maximal 13 Meter Tiefe erreicht.

Dieser Fjellsee ist reich an Hechten, Barschen und Aalen, die Friedfische sind durch Plötzen und Schleien vertreten. Man hat teils eine Schilfkante mit vorgelagerten Wasserknöterichflächen und findet auch Wasserpflanzendschungel aus Ährigem Tausendblatt, Krausem und Schwimmendem Laichkraut. Außerdem wuchert der Wasserhahnenfuß. Kurz nach Eisaufbruch durchstreifen laichbereite Hechte das Flachwasser, im Mai beobachtet man die breiten Laichbänder von Barschen in Althölzern. Der Hammersø ist recht klar, zu guten Zeiten bietet er 4–10 Meter Horizontalsicht. Versunkene Kähne sind mit Dreikantmuscheln besetzt, im Seeboden stecken Teichmuscheln.

Ganz anders im angrenzenden Opalsø. Dieser stammt ebenso wie der noch kleinere Kristallsø und weitere Steinbruchseen aus einer Zeit, da auf Hammeren Granit abgebaut wurde. Der Werksteinabbau auf Bornholm begann erst im Jahre 1870 im großen Stil. Damals betrieb der deutsche Baron von Ohlendorff das so genannte Hammerværk. Der Baron ließ auch den Hammerhavnen anlegen, um die gebrochenen Steine abzutransportieren. Erst 1919 kam das Werk in dänischen Besitz. Später erkannte man, dass ein weiterer Abbau die einzigartige Landschaft von Hammerknuden und Hammersø beeinträchtigen würde, so dass man den Abbau im Kessel des heutigen Opalsø 1970 endgültig beendete. Auch zu Kriegszeiten war die Landschaft um den Hammersø in Gefahr – es gab Pläne, durch die Felsbarriere zwischen Hammerhavnen und Hammersø einen Kanal zu sprengen und aus dem Hammersø einen sehr sicheren, wettergeschützten Hafen für kleine Kriegsschiffe zu machen.
Glücklicherweise sind alle diese Vorhaben zum Erliegen gekommen, und heute finden Sie den Natursee Hammersø mit mittleren Sichtweiten und reichem Fischbestand vor, und der Opalsø hat sich zu einem glasklaren Fotopool entwickelt. Aber auch im Steinbruchsee gibt es einen Saum aus Tausendblatt in der Flachwasserzone und ein paar Barsche. Dann folgt ein Steilabfall auf mehr als 10 Meter Tiefe. Ganz unten existieren nur noch bizarre Althölzer und Wasserschimmel. In diesem Felskessel sind jene Unterwasserfotos in Reinstkultur möglich, auf denen Tauchpartner im Gegenlicht vor den Kräuselwellen der Wasseroberfläche schweben oder an endlos wirkenden Steilwänden gekonnt absteigen. Der Opalsø ist 18 Meter tief. Clever garniert mit Model-Masken, Scheinwerfern oder Sklavenblitzen schaffen Sie hier das Unterwasserbild, das jede Wettbewerbsjury prämieren würde…

50. Sandvig Nordstrand – Im Revier von Rotdorsch und Grasdorsch

Das verwinkelte Dorf Sandvig ist die erste menschliche Siedlung, die im Norden Bornholms an die Wacholderheide des Granitmassivs Hammerknuden grenzt. Sandvig ist mit dem nahe gelegenen Allinge mittlerweile zu einem Doppelort verschmolzen. Im Mittelalter waren Sandvig wie Allinge bedeutende Heringsmärkte im Netz der Hansestädte. Beide Orte profitierten ab der Jahrhundertwende stark vom aufkommenden Tourismus, und einige Hotelbauten im Jahrhundertwendestil erinnern an diese Gründerzeit.
Während sich nordwestlich von Sandvig die Granitbuckel des berühmten Hammerknudens erheben, ist in der Nähe des Hammersø der bewaldete Langebjerg die markante Erhebung. Dieser Berg spielt in der Bornholmischen Sagenwelt eine wichtige Rolle; er gilt auf dem sonst von den sagenhaften Unterirdischen beherrschten Bornholm als einziger bekannter Wohnort von Trollen.
Diese verlassen ihr Hauptquartier Langebjerg jeweils bei Vollmond um Mitternacht, um Bornholm unruhige 24 Stunden zu bereiten. Im Langebjerg leben

Oben links: Tauchgebiet Sandvig.
Oben rechts: Vor Allinge Rogeri.
Unten links: In die Ostsee hinausführender Kanal über …
Unten rechts: … und unter Wasser.

auch Bobbarækus und Bobbasina, die Eltern des Inselkobolds (und heutigen Maskottchen) Krølle Bølle. Krølle Bølle (Lockenstrolch) ist für raue Scherze bekannt. Nicht weiter verwunderlich, wenn man mit geschmorten Kreuzottern und Blaubeergrütze aufgezogen wurde…
Am Nordende von Sandvig liegt ein feiner Sandstrand, in dessen Nähe sich auch eine Meeresschwimmhalle (Wellenbad!) und ein wunderschöner Zeltplatz am Hang des Hammerknudens befinden. Dieser Strand und die zugehörige geschwungene Bucht (Sandvig = Sandbucht) wirkten namensgebend. An der Sandbucht finden Sie zahlreiche Parkplätze in Wassernähe. An diesem Platz werden Sie oft auf weitere Taucher treffen.
Wer jedoch auf Grund des Namens eine langweilige Sandbucht vermutet, erlebt bald eine abwechslungsreichere Unterwasserwelt als erwartet. An vielen Stellen durchstoßen die Felsmassive des Hammerknuden die Sandschicht und ragen wie kleine Kaps auf das Meer hinaus. Man kann auf diesen Granitmassiven wie auf Stegen weit vor den Sandstrand spazieren und findet die

Links: Raubende Aalmutter vor Sandvig.
Rechts: Der bizarre Steinpicker mit seinem »Fransenmaul«.

Felsbänke auch unter Wasser wieder. Die Sicht ist in der Ostsee vor Sandvig phantastisch. Oft kann man 10 bis 15 Meter weit sehen. Nicht weit vom Ufer wird es rasch fünf Meter tief, aber die Tiefe nimmt dann nicht weiter zu. Vielerorts ragen raue Granitbuckel und Riffe aus dem Sandgrund und modellieren damit jenen Lebensraum, den Aalmuttern so lieben.
Aalmuttern können in der ganzen Ostsee existieren, auch wenn sie in den östlichsten Ostseebecken nur noch 20 bis 30 Zentimeter groß werden. Nur selten findet man diese Art tiefer als 10 Meter. Aalmuttern paaren sich etwa im August. Nach einer inneren Befruchtung und viermonatiger Tragezeit bringen sie etwa 200 fertige, voll ausgebildete Jungfische zur Welt; es gibt bei dieser Art keine Larven. Die Jungfische erscheinen mitten im Winter, sind etwa 4 Zentimeter groß und leben manchmal unter Schwarzgrundeln. Aalmuttern werden auch als Speisefische angeboten, allerdings haben sie grüne Gräten wie die Hornhechte. Die grüne Farbe rührt von dem Naturfarbstoff Vivianit her, der im Stoffwechsel von Aalmuttern und Hornhechten entsteht. Das Vivianit ist ein völlig harmloses, neongrünes Eisensulfat. Auf die Eignung als Speisefisch und den Geschmack des Fisches hat Vivianit keinerlei Einfluss, aber ein seltsamer Anblick sind grüne Gräten auf dem Teller dennoch …
Auf den Unterwasserfelsen vor Sandvig wogen Blasentang, Röhrentang und Felsen-Zweigfadenalgen hin und her. Die Dünung macht sich in der geringen Tiefe stark bemerkbar und ist ein ständiges Problem für Unterwasserfotografen in diesem Gebiet. Die weiträumigen Sandflächen werden von Flundern, Steinbutten und Opossumgarnelen (auch Reliktenkrebschen) bevölkert.
Vor Sandvig, wo die weiten Geröllfelder der bornholmischen Ostküste fehlen, beobachten wir nur kleine, handgroße Seeskorpione. Seestichlinge verstecken sich im Blasentang, stehen jedoch auch schräg zwischen hoch aufragenden Meersaiten. Auch Seestichlinge bauen Nester.

In 5 bis 6 Meter Tiefe verlaufen mehrere Granitriffe, die sich nur einen Meter über den Sandgrund erheben, etwa parallel zur Küste. Diese Hartsubstrate sind ein reichbevölkerter Lebensraum, den zu besuchen lohnt. Auf den Tangen leben Flohkrebse und Meerasseln, über die Miesmuschelschichten krabbeln Sandgarnelen und Ostseegarnelen. Offensichtlich ist das flimmernde Meerwasser reich an Plankton. Im Schutze der Felsen, vor allem unter Überhängen, stehen oliv- bis rotbraune Dorsche. Kleine, stark dunkelgrün getönte Dorsche hingegen bevorzugen die Dschungel des Blasentangs als Versteck.
Nach der ausgebildeten Färbung unterscheiden Fischer Rotdorsche und Grasdorsche. Rotdorsche verstecken sich gern in den rotbraunen Tangarten, nutzen aber auch geeignete Felsspalten und Überhänge. Grasdorsche hingegen leben in der Westostsee im Seegras, haben sich um Bornholm aber die dunkelgrünen Blasentangbestände erschlossen.
Dorsch ist eigentlich ein Wort für den kleinen, noch nicht geschlechtsreifen Kabeljau. Es hat sich aber mittlerweile so eingebürgert, das der kleinwüchsige Ostsee-Kabeljau generell als Dorsch bezeichnet (und verkauft) wird. Das Wort Dorsch stammt aus der Wikingerzeit, wo es für »Dörrfisch« stand. Seit jenen Tagen sind getrocknete Dorsche (Stockfische) oder ausgenommene und gesalzene Dorsche (Klippfische) die wichtigsten Wintervorräte der nordischen Völker.
Im Algendschungel der Felsriffe von Sandvig beobachtet man auch den gelblich-grauen, lang gestreckten Butterfisch, der je nach individueller Färbung Aalmuttern sehr ähnlich sein kann. Maul und Kopf von Butterfischen sind jedoch weniger wuchtig ausgebildet als bei Aalmuttern. Darüber hinaus tragen die graugelblichen Butterfische 9 bis 13 dunkle Flecken an der Basis der lang gezogenen Rückenflosse. Butterfische leben überwiegend von Kleintieren wie Flohkrebsen und Asseln. Sie setzen haselnussgroße Laichklumpen ab, die bei dieser Art ausnahmsweise vom Weibchen bewacht werden. Bei vielen anderen Arten vom Dreistachligen Stichling bis zum Seehasen ist das Aufgabe der Männchen.
Nachttauchgänge über die weiten Sandrippeln von Sandvig offenbaren, wie wenig salzig das Wasser um Bornholm ist. Man begegnet Barschen, Plötzen und Alanden. Barsche und Zander gelten als die salztolerantesten Süßwasserfische. Barsche vermögen sich bis etwa 15 Promille Salzgehalt zu behaupten. Nachts sind die Dorsche merklich aktiver als am Tage. Die beim Nachttauchen immer wieder aufgeschreckten und dann von unten an den Taucher prallenden Sandaale demonstrieren Ihnen, wovon die vielen Dorsche in der auf den ersten Blick karg wirkenden Bucht leben. *Infos: Tauchbasis 18.*

51. Allinge Rogeri – Kneipe mit Tauchplatz

Seeseitig von Allinge ragen die Schlote mehrerer Fischräuchereien in den Himmel. Besonders bemerkenswert ist die gelblich bis beige angestrichene Allinge Rogeri. Wenn man eintritt, fühlt man sich live in die Hafenkneipenszenen des Kultfilms »Der Sturm« versetzt: Viel verwittertes Holz, Blöcke, Fischkisten, Steuerräder und Strandgut gestalten den Raum. Das Erstaunlichste aber sind die bis unters Dach reichenden Kreideinschriften auf allen Holzteilen.
Notizen in jenem Stil, wie sie in den Fischereihäfen der Welt üblich sind, um Fische zu zählen, Stückmassen zu registrieren, auszuzahlenden Barcash zusammenzuziehen. Die Allinge Rogeri vereint unter ihrem Dach im gemütlichen Scheine ihrer Positionslaternen wohl mehr Namen und skurrile Mitteilungen aus den Häfen der Welt, als wir je an einem anderen Ort sahen. Und genau vor dieser Räucherei, in die vor oder nach dem Tauchen einzukehren sich anbietet, liegt ein toller Tauchplatz!
Durch eine Öffnung in der Hecke des Räuchereigrundstückes erreichen wir über einen kurzen steilen Pfad die schmale Bucht in den Klippen der Küste. Beinahe nur ein Kanal im Fels, vielleicht drei bis vier Meter breit Richtung Ostsee führend. Hier können wir uns in knietiefem Wasser fertig ausrüsten, um dann der Felsgasse zu folgen …
Im Flachwasserteil ist unser Canyon noch mit Blasentang bewachsen, weiter unten dominieren Felsenzweigfadenalgen und Miesmuscheln. Am Grunde liegen gefährlich leicht aufwirbelbare Rottangflocken. Im Felskanal wird es rasch 7 Meter tief, die Wände »rücken« auf nur ein bis zwei Meter Durchlass zusammen. Und ganz oben tost am seeseitigen Ende die Brandung.
Der UW-Canyon endet an einem Wall aus großen runden Findlingen, wo es noch einmal 4,5 Meter flach wird, ehe wir das Klippengewirr verlassen und draußen in der Ostsee tauchen. Hier stehen mannshohe Felszüge in grobkiesigem Untergrund, die mehr Rottange als Miesmuscheln tragen.
Ab 8–10 Meter Tiefe werden die Sandflächen zwischen den Felsbänken häufiger und größer. Hier leben Flundern, Schollen, Steinbutte, Kliesche und viele andere Fische erstaunlich dicht beieinander. Überall sehen wir in verschiedenen Stadien ihrer Tarnung befindliche Plattfische um uns herum. Manche liegen offen da, andere sind halb vergraben, die Vorsichtigen schauen nur noch mit den Augen aus dem Sand. Ein wunderbarer und auch einfacher Tauchplatz, an dem man von Land aus leicht 12–15 Meter Tiefe erreichen kann. *Infos: Tauchbasis 16.*

52. Lille Sandkås – Die Heimat der Sandaale

Seeseitig des Doppelortes Sandkås-Tejn liegt eine für Taucher interessante Bucht, die auf Seekarten als Lille Sandkås bezeichnet ist. Um von Land aus zu tauchen, ist eine Anfahrt über die Gilbertstræde in Sandkås-Tejn vorteil-

Lille Sandkas ist eine leicht zu betauchende Sandbucht.

Heftige Brandung vor der Mündung des Dondalea-Baches.

haft. Die Straße endet als Sackgasse an einem großen Parkplatz oberhalb eines kleinen Sandstrandes. An dieser Badestelle sind Toiletten und Picknickbänke vorhanden, allerdings herrscht im Hochsommer viel Betrieb. Tauchgänge an dieser Stelle empfehlen sich daher vor allem in der Vor- und Nachsaison.
Links und rechts des Sandstrandes erstrecken sich Felsklippen bis ins Meer hinaus. So, als würde der Nichtschwimmerbereich der Bucht abgegrenzt, liegen in geringen Tiefen eine Reihe Findlinge vor dem Strand. Vor Sandkås-Tejn durchstreifen Schwärme von Strandgrundeln die Ostsee. Weiter draußen, wo es kleine, mit Seegras bewachsene Stellen gibt, gesellen sich Dreistachlige Stichlinge und Zwergstichlinge zu den Grundeln. Der lang gestreckte Seestichling hingegen ist auch hier, wie um ganz Bornholm, sehr selten.
Vor allem dort, wo Röhrentang und Meersaiten auf frei stehenden Steinen wachsen, leben Ostseegarnelen. Die durchscheinenden Tiere mit ihrer feinen Zeichnung springen bei Beunruhigung ruckartig weg oder verkriechen sich im Tang, bis nur noch die Antennen herausragen. An der Oberseite von Steinen haften die Gehäuse von Seepocken. Nur wenige davon sind von einem lebendigen Rankenfußkrebs bewohnt. Weitaus häufiger leben in den Seepockenkegeln kleine Exemplare von Flohkrebsen. Manchmal treibt der Wind Ohrenquallen an diesen Tauchplatz. Über den weiten Sandflächen von Lille Sandkås leben zahlreiche, aber nicht sehr große Flundern und Steinbutte. Vor allem Steinbutte sind sehr geschätzte Speisefische. Kliesche n dagegen zählen zu den seltenen »Raritäten«.
Im eintönigen Sandbiotop von Lille Sandkås scheinen die quer zum Wellenschlag stehenden Wellenrippeln des Grundes beinahe die einzige Abwechslung zu sein. Nur selten sieht man hier ein Büschel Blasentang, in großen Abständen kleine Seegraswiesen.
Der kahl wirkende Lebensraum mit seinen lockeren Sandwellen wird insbesondere von Sandaalen geschätzt. Große und Kleine Sandaale leben im gleichen Gebiet. Große Sandaale (bis 35 Zentimeter lang) tragen auf der Schnauze beiderseits je einen dunklen Fleck. Kleine Sandaale (bis 20 Zentimeter lang) können den Zwischenkiefer weit vorstrecken, was man manchmal beobachten kann, wenn nur der Kopf des Tieres aus dem Sand ragt.
Beide Arten jagen nach Kleintieren des Grundes und Zooplankton. Sandaale werden von Dorschen und Makrelen gejagt wie auch von stoßtauchenden Seevögeln erbeutet. Fischer berichten, dass bisweilen Makrelen und Seeschwalben gut »zusammenarbeiten«. Der jagende Makrelenschwarm treibt zahlreiche Sandaale bis nahe an die Wasseroberfläche, wo dann die Seeschwalben mit »hinlangen«. Wo Scharen von Seeschwalben kreisen und Beute machen, ist auch den Fischern ein Schleppnetz voller Makrelen sicher. Oft ist dazu gar nicht weit zu fahren, denn Makrelen leben bevorzugt in Küstennähe.
Bei Tageslicht verlassen Sandaale oft ihr Versteck im Grund, wenn sich ein Taucher nähert. Meist schauen sie sekundenlang nur mit den Köpfen aus der

Links: Seeskorpione bevorzugen steinige Reviere.
Rechts: Den Hammersee schmücken wunderschöne Tausendblattwiesen.

Oberkante der Sandwellen am Grund, ehe sich der erste Sandaal entschließt zu starten. Man kann dann zahlreiche Tiere blitzschnell wegschwimmen sehen. Bei Nacht scheinen die Fische zu ruhen und auch gewisse Navigationsprobleme zu haben. Bei einem nächtlichen Tauchgang stoßen Sandaale oft erst aus dem Sand, wenn man als Taucher schon dicht über ihnen schwebt. Viele der bleistiftgroßen Fische können nicht mehr ausweichen und prallen auf den Anzug. In der ersten Zeit zuckt man noch zusammen, wenn man in der dunklen Ostsee das Gefühl hat, von unten beschossen zu werden. Später nimmt man es gelassen.
Vor allem nachts hat man vor Sandkås-Tejn Gelegenheit, Regenbogenforellen zu begegnen. Diese Tiere wurden vor Jahren in Netzkäfigen vor der Küste gehalten, und es sind viele entkommen. Offensichtlich bleiben sie diesem Meeresgebiet treu. Ein einziges Mal beobachteten wir in diesem Seegebiet eine Finte. Dieser Fisch aus der Familie der Maifische jagt auf hoher See Plankton. Finten ziehen zum Laichen in Flüsse des Binnenlandes, aber sie laichen nicht auf Bornholm.

53. Døndalen – Marktplatz am Meeresgrund
Kaum drei Kilometer südöstlich von Tejn weicht die Küstenstraße gleichsam ins Landesinnere aus und führt bald darauf wieder direkt am Meer entlang. Die solcherart abgeschnittene Landspitze ist ein Felskap von urwüchsiger Schönheit, bestehend aus bizarren Felsbrocken und im Meer vorgelagerten Steinen. Stammershalle nennen die Einheimischen den herb-schönen, etwas verwunschenen Ort.
Eine Sage aus alter Zeit berichtet, dass hier einst der blutrünstige Seeräuber Stammer anlandete. Der unstete Raubgeselle soll von der Stimmung des Ortes innerlich so berührt gewesen sein, dass er hier sesshaft wurde und friedlichem Tagwerk nachging. Eigenhändig soll Stammer drei schräg stehende Bauta-

steine gesetzt haben. Weitere Bautasteine und zwei Steinkreise um Steinkisten herum verstärken den geheimnisvollen Charakter des offenen Felsgeländes.

Der Küstenstraße weiter folgend, erreicht man einen magischen Ort: Troldskoven. Ein Wäldchen zieht sich bis ans Meer hinab, von der Straße aus sehen Sie die Ostsee zwischen Klippen toben. Zwei winzige Parkplätze links und rechts der Straße erlauben einen Stop einzulegen.

Landseitig der Küstenstraße befindet sich in einem Wäldchen eine so genannte Steinsetzung. Das nüchterne Archäologendeutsch bezeichnet so aufrechtstehende Natursteine, die in Form eines über zehn Meter langen Schiffsumrisses im düsteren Wald stehen. Vor allem dann, wenn sich langsam der Morgennebel aus Wiesen und Wäldern hebt, ist dieses steinerne Schiff der Toten ein mystischer, zur Meditation einladender Ort. Schiffssetzungen sind eine seltene Bestattungssitte der späten Bronzezeit und frühen Eisenzeit; man findet auf Bornholm mehrere Steinschiffe von 7,5 bis 31 Meter Länge.

Der Küstenstraße weiter Richtung Südost folgend, erreichen Sie in einer markanten Senke Døndalen, das Tal des Flüsschens Døndaleå. Eine Wanderung durch das imposante Felstal der Døndaleå führt Sie in einer Stunde zum »größten Wasserfalls Dänemarks«. Das Naturschauspiel ist mit 20 Metern Höhe nicht gerade ein Niagarafall, aber eben Rekord im Flachland Dänemark. Vom »Donnern« des Wasserfalls hat das Døndalen seinen Namen. Sehenswert und erholsam ist auf jeden Fall der Weg durch den typisch bornholmischen Naturwald, der sich aus Hainbuchen, Eschen, Ulmen, Spitzahorn, Eichen, Birken und Kirschen zusammensetzt. Im Frühjahr ist der Waldboden mit blühenden Windröschen und Leberblümchen bedeckt, botanische Seltenheiten sind Winterschachtelhalm und Brauner Streifenfarn. Vielerorts fährt der Duft des Bärlauchs in die Nase … Vom Plateau des Amtmandsstenen genießen Sie eine wundervolle Aussicht über Døndalen und das Meer bis hin zur »Erbseninsel« Christiansø.

Im feuchtkühlen Tal findet man nicht nur etwa 25% aller überhaupt in Dänemark vorkommenden Pflanzenarten, es ist auch ein Paradies der Singvögel. Nachtigall, Mönchsgrasmücke, Waldbaumläufer, Rotkehlchen, Zaunkönig, Buchfink und weitere gefiederte Gesellen lassen ihre markanten Rufe erschallen. Wasseramseln sind insbesondere im Winter am Bach zu beobachten …

Der Parkplatz am Eingang zum Døndaleå-Tal eignet sich ebenfalls gut als Ausgangsort für Tauchgänge in der Ostsee vor der Bachmündung. Etwa 100 Meter Fußmarsch inclusive der Überquerung der Küstenstraße liegen bis zum Ufer der Vallevig (Vallebucht oder -wiek) vor Ihnen. Unmittelbar dort, wo der Døndaleå-Bach in die Ostsee mündet, gibt es ein Gebiet trüben Wassers. Hier setzt sich die lehmige Sedimentfracht des Baches ab.

Beim Einstieg in die Bucht ist zunächst auf relativ große Geröllbrocken zu achten, ehe man die erforderliche Tiefe zum Flossenanziehen und Schwim-

Dieser Seeskorpion hat Geduld mit uns Tauchern.

men erreicht. In geringen Tiefen wachsen hellgrüne Massenvorkommen von Meersalat. Die Teppiche dieser Grünalgen sind bevorzugtes Habitat für bis zu vier Zentimeter große Baltische Meerasseln – ein bizarres Makrofotoobjekt. Wenn die lichtgrünen Blätter des Meersalates weiße Ränder haben, ist die Grünalge dabei, Schwärmerzellen ins Wasser zu entlassen. Auf diesem Wege vermehrt sich Meersalat. Etwa ab drei Meter Wassertiefe geht die hellgrüne Farbe des Grundes plötzlich in Rotbraun über, weite Felder von Röhrentang und Langfädigem Röhrentang prägen nunmehr die Szene. In diesen rotbraunen, 15 bis 30 Zentimeter hohen Feldern pflegen im Frühling die Dreistachligen Stichlinge ihre gut getarnten, kunstvollen Nester zu bauen. Hierbei handelt es sich um die marine Wanderform jenes Stichlings, der auch im Binnenland häufig vorkommt.

Weiter hinaus und in die Tiefe tauchend, beobachten Sie Felsgarnelen zwischen kleinen Findlingen, auffallend wenige Miesmuscheln, winzige Seepocken, bisweilen eine Flunder. Weiter Richtung See erreichen Sie ein eigenartiges Gebiet. Der Grund weist nur wenige Algen und Tange auf, dicht bei dicht liegen etwa gleichgroße, runde Steine. Der Meeresgrund ist sehr eben, die runden Natursteine bedecken eine große Fläche und sind nicht bewachsen. Dieser Platz erinnert eigentümlich an einen mittelalterlichen Marktplatz oder Kirchenvorplatz. Der Grund wirkt wie von Menschenhand mit Natursteinen gepflastert, obwohl es sich mit ziemlicher Sicherheit um eine Laune der Natur handelt. Diese seltsame Region zieht sich lange hin, und es wird sehr sehr langsam tiefer.

Links: Helligdommen ist die bekannteste Felsformation auf Bornholm.
Rechts: Glasklare Brandung vor Helligdommen.

Erst weiter draußen gen Ostsee geht der ebene Charakter des Grundes wieder verloren, auf Sandwellen finden Sie mehr und mehr nordische Findlinge, oft hüfthoch und interessant geädert. Derlei bewachsene Findlinge sind eine Art Oasen im folgenden, scheinbar kahlen Sandgrund der Ostsee. In diesem Gebiet, in welchem sich der Taucher vielleicht schon 300 bis 400 Meter vom Ufer befindet und möglicherweise die Grenze für einen Tauchgang von Land aus erreicht ist, leben zahlreiche Seeskorpione.
Seeskorpione sind typische Grundfische, sie schwimmen nur stoßweise kurze Strecken, haben keine Schwimmblase und verlassen sich im Normalfall reglos liegend auf ihre Tarnfärbung. Seeskorpione können ihre Tarnfärbung in gewissen Grenzen dem gerade bewohnten Biotop anpassen. So findet man blassbraune Exemplare auf Sandgrund, schwarz-dunkelgrüne Lokalvariationen in Grünalgenfeldern und rotbraune Seeskorpione über Felsen und Miesmuschelbänken.
Seeskorpione sind gefräßige Raubfische, die sich sogar über Aale hermachen. Sie laichen im Winter, und die Männchen bewachen – ähnlich wie bei den Lumpfischen – das Gelege etwa fünf Wochen lang. Wenn man sich hinsichtlich der Tarnfärbung »eingesehen« hat, entdeckt man immer mehr Exemplare. Mit seinen bizarren Rücken- und Brustflossen, mit urtümlichen Knochenplatten und Stacheln ist der Seeskorpion einer der fotogensten Ostseefische überhaupt. Die Anpassung der Körperfärbung und Marmorierung der Farben ist übrigens auch bei den Flundern vor Bornholm gut zu sehen; deutlich unterscheidet man sandfarbene und Felsreviere bewohnende Individuen.
Wenn Sie in der Vallevig vor Døndalen acht bis zehn Meter Tiefenanzeige ablesen, sollten sie wieder Kurs auf Land nehmen, die Strecke ist weit genug. Hier draußen sehen Sie elegante Seeforellen ziehen. Scooterfreaks können von Land aus bis in 25 Meter tiefe Regionen vorstoßen.

Links: Tauchen vor Helligdommen – ein nordischer Mythos.
Rechts: In der flachen Salene-Bucht entdecken wir eingesandete Holzwracks.

54. Helligdommen – Heiligtum über und unter Wasser
Gar nicht weit von Døndalen brandet die Ostsee gegen die bizarren Klippen, Wände und Felstürmchen von Helligdommen (Heiligtum). Dieser Name geht auf eine heilige Quelle zurück, die oberhalb des Felsmassivs sprudelte und heute in Bornholms Kunstmuseum integriert ist. Viele der zu beeindruckender Formenvielfalt erodierten Gneisfelsen (gestreifter Granit) tragen eigene Namen, nur die härtesten Felspartien sind stehen geblieben.
Am bekanntesten ist die Lyseklippe (Kerzenfelsen). Hier haben die zerstörenden Kräfte der Natur eine schlanke Felsnadel stehen lassen, die entfernte Ähnlichkeit mit der berühmten Barbarine im Elbsandsteingebirge Ostdeutschlands hat. Wind, Wetter und Meer haben außerdem beeindruckende Hohlformen aus der Steilküste herausgearbeitet. So reichen bei Lyseklippen die Lyserenden (Kerzenrinne) und die Gåserenden (Gänserinne) als wassergefüllte Spalten bis 35 Meter tief in die Steilküste hinein. Anstelle dieser Spalten befanden sich einst Diabasgänge (Grünstein) zwischen den Gneisplatten der Steilküste. Dieser Diabas erodiert leicht zu einer Art Lehm, der bald ausgespült wird.
Die Meereshöhlen auf Bornholm heißen nahezu alle Ovn (Ofen), vermutlich in Anspielung auf die Dunkelheit in Höhlen. Tørre Ovn bedeutet trockener Ofen; Våde Ovn wie nasser Ofen bezeichnet geflutete Meereshöhlen auf der Landkarte. Einst sollen die Bornholmer in einen nassen Ofen bei Hammershus eine Gans eingesetzt haben, um zu prüfen, ob es einen unterirdischen Felsgang zur Ostküste gibt. Die Gans soll der Sage nach in der Gänserinne von Helligdommen wieder ans Tageslicht gekommen sein. Dort liegt heute ein gansförmiger Steinblock – die Warnung der Unterirdischen, ihr Reich nicht zu betreten.
Tauchen vor Helligdommen ist ein Erlebnis für sich. Dabei ist ein Ausrüstungstransport vom Parkplatz bis zum Fuße der Steilküste einzuplanen, auf

den letzten Metern eine Kletterei über eine Art gewundenen Gemsenpfad. Aber in zwei bis drei Portionen ist die Tauchausrüstung auf jeden Fall nach unten zu tragen. Allein die sichtbaren Felspartien dieser Küste sind 22 Meter hoch.

Über eine kleine Geröllhalde aus runden Steinen, links neben der Lyseklippe gelegen, ist ein Einstieg problemlos möglich. Zunächst empfiehlt sich, schnorchelnd das Umfeld und die reich bewachsenen Steilwände des Kerzenfelsens zu erkunden. Auch die schmalen Felsspalten der Kerzenrinne und Gänserinne kann man sich von unter Wasser her ansehen – allerdings nur bei ruhiger See. Bei starkem Wellengang wird ein Taucher leicht bis ans Ende der Felsspalte gespült und läuft hier Gefahr, sich im Felsen zu verklemmen – als würde ein Korken in die Flasche geschlagen.

Unter Wasser setzen sich die so genannten Sølvklippen (Silberklippen) eine gewisse Strecke in die Tiefe fort. Die erodierten Gneisklippen sind oberflächlich stets rau und hakig, die Struktur dieses Gesteins ermöglicht kein rundes Abwaschen und Abschleifen wie bei anderen Gesteinsarten.

Die steilen Felsen der Helligdomsklipperne sind dem Wellenschlag stark ausgesetzt, und man findet erst am Fuße der Felsen Miesmuschelbänke, Röhrentangbüschel und hier und da die grünborsteligen Gewächse der Felsen-Zweigfadenalge. In diesem Biotop verbergen sich kleine Grundelarten, die nahezu perfekten Models für Nikonos-Rähmchen-Fotografie. Zwischen den dunklen Diabasklippen ruhen auch zahlreiche braunschwarze Seeskorpione. Aalmuttern hingegen bevorzugen jenen Lebensraum, in welchem am Fuße der Felsen Sandgrund beginnt.

In 6 bis 8 Meter Tiefe fängt vor Helligdommen Sandgrund an, der in großen Wellen, für Ostseeverhältnisse recht bald in die Tiefe führt. Immer wieder taucht man über Stellen des Meeresgrundes, wo riesige kugelrunde nordische Findlinge verstreut liegen. Bisweilen sind sie in Lagern und Nestern gruppiert, liegen lose im Kreis und erinnern in überraschender Weise an nordische Thingplätze. Obwohl ab etwa zehn Meter Tiefe nur noch eine spärliche Vegetation auf den Steinen haftet und zahlreiche Tiere wie der Steinbutt unsichtbar im Sand vergraben leben, sind die düsteren Felswälle mit darauf tanzenden Sonnenkringeln ein bleibendes Erlebnis. Auf Grund leichter Strömungen ist die Sicht vor Helligdommen oft sehr gut, und man kann mit Tauchpartnern tolle »Raumbilder« gestalten.

Weiter draußen begegnet der Taucher nicht nur Sprottenschwärmen, sondern auch Barschen – den ganz gewöhnlichen Barschen des Süßwassers. Diese und die etwas selteneren Alande erinnern an den deutlichen Brackwassertouch der Ostsee um Bornholm. Ein ganz besonderer Tauchplatz ist der Våde Ovn bei Helligdommen. Die gewaltige Grotte mit der gewölbten Felsdecke ist 18 Meter lang, 5 Meter hoch und hat 11 Meter Wassertiefe. Dieser Ort ist nur per Boot zu erreichen.

Wieder an Land zurückgekehrt, lohnt es durchaus, die besondere Vegetation auf den äußersten, dem Meer zugewandten Spitzen der Steilküste zu erkunden. Hier findet man eine Pflanzenwelt, die sich aus der Zeit vor der Kiefernzeit, seit etwa 9000 Jahren, erhalten hat. An dieser exponierten Stelle existieren Gewächse wie die Mehlbeere, die Elsbeere, Eberesche, Schwalbenwurz und Purpurfetthenne.
Ganz in der Nähe der Helligdomsklipperne erhebt sich das schlicht weiß gekalkte, lichtdurchflutete Gebäude des Bornholm-Kunstmuseums. Hier erwartet den Besucher eine großartige Sammlung bildender Kunst, vor allem natürlich von Künstlern der Bornholmer Schule. Auch das Kunsthandwerk ist mit der größten dänischen Sammlung außerhalb Kopenhagens vertreten. Vom Aussichtsturm des phantasiereich angelegten Museumskomplexes kann man im Inneren dem Lauf der gefassten Helligdoms-Quelle bis hinunter zum Wunschbrunnen folgen. Helligdommen lässt – als Tauchplatz wie als Kulturstätte – keine Wünsche offen. *Infos: Tauchbasis 18.*

55. Salene Bugt – Im Reich der Meerforellen

Spielerisch rollen die silberhellen Ostseewellen in der flachen Salene-Bucht aus, branden an kleinen Wällen runder Steine und versinken in den Hohlräumen der Küste. Hier, wo die Bobbeå ins Meer mündet, scheint ein Taucheinstieg leicht und ist doch schwer zu machen. Während an vielen anderen Küstenabschnitten die Felsklippen rau und relativ trittsicher sind, besteht der flache Strand der Salene-Bucht aus tausenden kugelrunden, ungefähr kopfgroßen Steinen. Diese sind mit einem hauchdünnen Algenfilm bewachsen. Der schwer beladene Taucher stapft wie durch nasse Glaskugeln; bald rutscht man aus, bald geben die Steine nach, bald droht man zwischen diesen Geröllkugeln umzuknicken. Es wird dringend empfohlen, sich schon bei geringstmöglicher Tiefe auf das aufgeblasene Jacket oder den Trockentauchanzug zu legen und recht und schlecht schwimmend hinaus ins tiefere Wasser zu gelangen.
Durch die nahe gelegene Bachmündung kommt es dazu, dass zuweilen im Meer echte rotgefleckte Bachforellen zu beobachten sind. Die Bachforellen spüren instinktiv, wann wieder einmal ein Austrocknen der wasserarmen Bornholmer Bäche ansteht – und flüchten rechtzeitig in die Ostsee! Durch den Süßwasserzustrom und das brackige Ostseewasser wird außerdem ermöglicht, dass an einigen Stellen der Salene-Bucht Schilf wächst.
Das Schwimmen in die tiefere Region der Salene-Bucht ist ein kleines Langstreckenschwimmen, sehr mühsam erreicht man vier bis fünf Meter Tiefe. Hier draußen liegen auf Sandgrund gewaltige Findlinge, bisweilen von den Ausmaßen eines Kleinbusses oder noch größer. An mehreren Stellen können Sie sich, bei 5 Meter Wassertiefe mitten in der Salene-Bucht, auf einen solchen Findling stellen und Ausschau halten.

Eben so ein Stein muss auch dem Holzschiff zum Verhängnis geworden sein, dessen Reste mitten in der Salene-Bucht ruhen. Die Herbststürme der Ostsee haben freilich nur noch zerbrochene Teile, fest in den Sand eingespülte bewachsene Holzschanzkleidteile und Mastbäume, übrig gelassen. Die Strömungen und Stürme der tobenden Ostsee »demontieren« jedes Wrack in Küstennähe vollständig. In kürzester Zeit ist fast nichts mehr übrig. Einheimische Taucher berichten, dass sie erst in etwa 50 Meter Tiefe gut erhaltene Wracks kennen. Etwa 300 Meter vom Ufer der Salene-Bucht weg liegen versunkene Grundmauern von Gebäuden, die beweisen, dass der Ostseewasserspiegel schon einmal mehrere Meter niedriger war.
Auch in diesem Seegebiet beobachten Sie reichlich Grundeln und Seeskorpione, aber der Charakterfisch der Salene-Bucht ist die Meerforelle! Mittlere Meerforellen jagen in kleinen Schwärmen, große Exemplare meist allein. Die Vorzugsbeute der Meerforellen sind die schnellen Tobiasfische und Sprotten. Den raschen Jagdkursen der Fische kann man kaum mit den Augen folgen. Sicher würde ein guter Autofocus den Fisch für das Dia scharf stellen, aber dazu müsste man diese Schnellschwimmer der Ostsee erst einmal im Sucherbild der Kamera platzieren können! Bei unruhigem Wetter, wenn die Wellen Fischnährtiere aus dem flachen Sandboden der Salene-Bucht aufwirbeln, sind ungewöhnlich viele Meerforellen zu sehen. Allerdings verringert sich dann die Horizontalsicht dramatisch. Sie werden oft erleben, dass man Meerforellen als »Lachse« verkauft …
In der Salene-Bucht hat der Blasentang nur wenige geschützte Winkel hinter großen Findlingen, wenn der Sturm tobt. Deshalb findet man Blasentangbiotope nur in geringem Umfang.
Falls sich die Gelegenheit ergibt, mit Sportfischern per Boot hinauszufahren, sollten Sie das tun! Oft werden mit Hilfe von Seekarten und einfachen Echoloten Riffe mit kleinen Steilabfällen aufgesucht, wo die Ostsee 30 bis 40 Meter tief ist. Dort halten sich erfahrungsgemäß Lachse auf, deren Beobachtung eine spannende Sache ist. Vor Bornholm sieht und fängt man ausschließlich den Mørrumså-Lachs. Dieser Lachsstamm durchstreift im Winter die gesamte östliche Ostsee nach Beute, kehrt im Frühjahr in das Seegebiet zwischen Gotland und Bornholm zurück und konzentriert sich im Sommer vor der Nordküste Bornholms und der schwedischen Hanøbucht. Im Herbst sind die Lachse schlagartig aus der Ostsee verschwunden; sie versammeln sich dann zum Laichakt im schwedischen Mørrum-Fluss.
Tiefere Tauchgänge auf dem Meer haben aber auch noch weitere Vorteile. Der Salzgehalt der üblicherweise betauchten Oberflächenlamelle des Meeres beträgt an der Bornholmischen Ostseeküste etwa acht Promille. Dieser Salzgehalt nimmt jedoch nicht nur nach Osten hin ab, sondern nach der Tiefe beträchtlich zu. Im kalten, salzreichen Tiefenwasser, oft unterhalb von 25 Meter Tiefe, werden manchmal schon über 15 Promille Salzgehalt erreicht.

Links: Rechts neben dem winzigen Hafen von Gudhjem liegt ein geschütztes Tauchgebiet.

Rechts oben: Durch felsige Gassen neben dem Hafengebiet taucht man ab in die Ostsee.

Rechts unten: Bei Gudhjem sind besonders viele Seestichlinge zu beobachten.

In diesen Tiefen leben dann relativ kleine Exemplare stationärer mariner Tiere wie blasse Seeigel, Seescheiden, Seenelken oder fahlgelbe Brotkrumenschwämme. Je nach Salzwassereinstrom in die Ostsee können solche Populationen verschwinden oder wieder aufleben …
Die Salene-Bucht ist nicht nur ein interessantes Tauchrevier, sondern auch einer der bekanntesten Angelplätze Bornholms. Trotzdem trifft man jeden Tag nur wenige Leute hier, sozusagen die Kenner. Manchmal sind sie von Kopenhagen oder London extra drei Tage herübergekommen, um in der Salene Bugt zu fischen.
Sie erreichen diese Bucht, indem Sie von der Straße Tejn-Gudhjem den als »Bobbevej« ausgeschilderten Weg zum Meer hinunterfahren.

56. Am Hafen von Gudhjem

Den zahlreichen Reisebussen folgend, fahren Sie die steilen Straßen der alten Künstlerkolonie Gudhjem hinab bis zum Hafen. Dort versuchen Sie, am – seewärts blickend – ganz rechts befindlichen Yachthafenbecken einen Parkplatz zu bekommen. In den Morgenstunden ist das am leichtesten … Nun gilt es, die Szenerie zu besichtigen:
Für einen Taucheinstieg geht man am besten ganz rechts herum um das kleine Hafenbecken, bis zur Wellenbrechermauer. Hier führt ein kleines Treppchen wiederum rechts hinauf zu kleinen Aussichtspunkten in den Felsen über dem Hafen von Gudhjem. Genau an dieser Stelle können Sie leicht über die

Mauer klettern und über kleine, aber gut sichtbare Tritte im Fels hinunter zum Meer steigen. Das Wasser ist dort sofort über einen Meter tief, und wir können uns im Wasser stehend fertig ausrüsten.
Durch eine blasentanggesäumte Felsgasse tauchen wir ab und erreichen schnell sieben Meter Tiefe. Hier unten beherrschen blank gefegte, interessant gemusterte Felsen die Szene, es gibt auch kiesige Partien und abgerundete, so etwa PKW-große Findlinge. Für die Orientierung ist es am leichtesten, einfach rechts herum – vom Hafen weg – zu tauchen und dem Felsmassiv zu folgen. Dadurch vermeiden Sie auch jeden Trouble mit dem Passagierschiffsverkehr des Hafens Gudhjem.
Sie schweben an senkrechten Wänden entlang und betrachten am Meeresgrund gelb und dunkelgrün gefärbte Algenfelder. Und überall ist Bewegung! Viele Schwarzgrundeln ändern ständig stoßweise ihre Position, ohne sich völlig zu verstecken. Zwischen Tangdschungeln und Felsregionen pendeln Schwimmgrundeln und die vorsichtigen Seestichlinge hin und her. Beim Hafen von Gudhjem entdecken wir auch Felsgarnelen und junge Hornhechte. Bereits am Nachmittag, noch bei Tageslicht, kommen zahlreiche Aalmuttern hervor, um im Tang zu jagen. Sie haben es offenbar auf die Schwimmgrundeln abgesehen, aber auch auf die so schwer bestimmbaren Jungfischschwärme, die sich um solitäre Tange scharen. Aus den Felsrevieren dieses Tauchplatzes glotzt so mancher träge Seeskorpion. Ein Fisch, der gar nicht so klein ist, aber ob seiner Bewegungslosigkeit oft nicht wahrgenommen wird.
Wenn Sie sich dicht am Fels tauchend streng an diese Orientierungsmöglichkeit halten, erreichen Sie 7–9 Meter Tiefe, auf nordöstlichem Kurs können es auch leicht 15–20 Meter Tiefe werden. In tieferen Regionen werden die Felsen weniger und die sandbedeckten Regionen größer. Mitunter entdecken Sie noch bis in fünf Meter Tiefe von Meersaiten bewachsene Steine, die beinahe wie antike Medusenhäupter wirken. *Infos: Tauchbasis 16.*

57. Der versunkene Wald vor dem Kobbebro
Südlich von Gudhjem liegen an der Küste Melsted und der Melstedgård (Melstedhof). Dieser Bauernhof mittlerer Größe fungiert heute als das Bornholmische Landwirtschaftsmuseum. Der Melstedhof wird bereits in alten Grundbüchern ab 1599 erwähnt. Obwohl der Hof zwischenzeitlich durch Sandverwehungen zerstört und wüst geworden war, lebte er immer wieder auf, und ab 1700 sind die diversen baulichen Veränderungen nachvollziehbar. Die Inneneinrichtung des Melstedgård geht auf etwa 1860 zurück.
Wer ein langweiliges Museum vermutet, irrt sich erfreulicherweise. Auf dem Melstedgård wird die traditionelle ländliche Lebens- und Arbeitsweise des 19. Jahrhunderts lebendig erhalten. Im originalen Pflanzenbestand werden Ziergarten, Kräutergarten, Küchengarten und Obstgarten gepflegt. Schafe, Hühner und Schweine alter dänischer Landrassen werden auf dem Hof gehalten,

Schönes Detail vom Blasentang.

man pflügt mit »Frederiksborger« Pferden und züchtet »Angler«-Rinder (alte dänische Rassenamen). Der prächtige Hof, die zahlreichen Haustiere und die Vorführungen alter Arbeitsmethoden sind ein echtes Abenteuer, vor allem für Familien mit Kindern.

Vom Melstedgård ist es nicht weit bis zu einer Küstenregion, deren Strandpfad Kobbebro heißt. Hier mündet die Kobbeå in die Ostsee. Den Strand der sanft geschwungenen Bucht am Kobbebro bedeckt teils Sand, teils feines Geröll. Linker Hand befindet sich ein Campingplatz, unterhalb dessen gute Parkmöglichkeiten dicht am Strand bestehen.

Mitten in der Bucht steht eine kleine, kaum meterhohe Ecke schroffer Steine im Strandsand. Rechts von diesen Miniaturklippen befindet sich in knietiefem Wasser eine ebene Steinplatte. Hier kann gut die komplette Ausrüstung angelegt und losgeschnorchelt werden. Wenige Meter vom Ufer weg zeigt sich unter Wasser eine gewaltige Sandbarre, die sich wie die Brustwehr einer alten Festung auftürmt. Darüber steht nur ein Meter Wasser. Nach dieser Barre senkt sich der Meeresboden auf zwei bis drei Meter Wassertiefe. Kleines Geröll und Grünalgen prägen das »Ambiente«.

Hier befindet sich der Lebensraum einer Vielzahl Großer und Kleiner Sandaale. Die flinken Fische starten aus dem Sand, sowie sie von den Druckstößen, die die Geräteflossen verursachen, beunruhigt werden. Zwangsläufig passiert das oft unter beziehungsweise hinter dem Taucher. So sieht man oft nur die

Bewegungen fliehender Tiere. Wenn Sie genau vorausschauen, werden sie aber auch manchmal die charakteristischen spitzen Sandaalköpfe etwa 3 Zentimeter aus dem Grund herausschauen sehen. Wenn ein Sandaal Augen und Maul zeigt, ist er bereits vorgespannt wie eine abschussbereite Cruisemissile und wird nicht mehr lange am Ort bleiben.

Wenn Sie weiter Kurs Ost aus der Bucht heraustauchen, folgt eine zweite Sandbarre. Etwa 200 Meter vom Ufer steht man als Taucher auf einer trittfesten Sandbank im hüfttiefen Wasser und kann sich umsehen. Nach dieser Barre wird es rasch tiefer, in mehr als 6 Meter Tiefe liegt ein mit Röhrentangen geschmücktes Geröllfeld vor Ihnen. Hier leben Flundern, Steinbutte, Seeskorpione, Garnelen und sogar Aale. Auch ein Nachttauchgang ist lohnend, denn schon zwei bis drei Stunden nach Sonnenuntergang rauben große Dorsche und Meerforellen in der flachen Bucht von Kobbebro. Ab 8 Meter Tiefe beginnt dann der ostseetypische, etwas bedrückende, kahl wirkende Sandgrund. Klares Wasser, seewärts größer werdende Findlinge, Raum ohne Ende … Auflandige Winde trüben in dieser Bucht sehr schnell die Sicht unter Wasser.

Sollten Sie vom Ufer, ausgehend von vier eng beeinander stehenden markanten Weiden, seewärts etwa Nordost einpeilen, finden Sie auf 5 Meter Tiefe diverse gerammte Holzpfähle, die einst Steg, Seezeichen oder gar Hausreste gewesen sein können.

Wie man heute weiß, war der Meeresspiegel vor etwa 10.000 bis 7.000 Jahren wesentlich niedriger. Die historische Insel Bornholm hatte damals eine breite Landzunge, die sich in Richtung der heutigen norddeutsch-polnischen Küste erstreckte. Dieses größere Bornholm war mit Kiefernwald bewachsen, der die nacheiszeitlichen Tundragewächse und Birkenwälder abgelöst hatte. Später stieg der Wasserstand der Ostsee höher an, als die heutige Küstenlinie zeigt. Damals muss ein großer Teil des Kiefernwaldes langsam versunken sein. Es heißt, dass die Fischer vor allem südlich von Bornholm im klaren Wasser manchmal noch Baumstubben sehen und hin und wieder einen alten Kiefernstamm im Netz haben.

Einige der zahlreichen Baumstubben jenes vor etwa 7.000 Jahren untergegangenen Waldes finden Sie ebenfalls auf dem Grund des Tauchplatzes vor dem Kobbebro. Teils sind das gewaltige Baumstubben, die ein Mann nicht umfassen könnte, teils kleinere Baumreste.

Nach Osten tauchend, erreichen Sie ein geologisch interessantes Terrain. Das an vielen Stellen gewöhnliche, rotbraune Steingeröll wird da und dort abgelöst von jenen zackigen, schroffen, völlig ungerundeten Felsen, die andernorts als Sølvklippen aus dem Meer aufsteigen. An vielen Stellen geht die Unterwasserlandschaft in feste, graue, leicht gewellte Steinflächen über, in denen man gut sichtbar rote, schwarze und weiße Einschlüsse erkennt. Hier ist der Svanekegranit vom Meer blank gescheuert, so dass man die etwa zwei

Links: Rock pools sind ein extremer maritimer Lebensraum.
Rechts: Nordseegarnelen dringen bis rund um Bornholm vor.

Zentimeter großen Körner von rotem Kalifeldspat sehen kann. Die ebenen, sedimentfreien Felsflächen sind ein akustisch lauter Tauchplatz. Die Ostsee rollt mit sanfter Dünung kleine Steine auf den großen Felsplatten hin und her. Ständig hört man es unter Wasser reiben, kratzen, knirschen und mahlen. Unwillkürlich blickt man sich um, ob etwas über den Grund Schabendes angeschwommen kommt, ob ein Ausrüstungsteil schleift …
Auch vor der Mündung des Kobbeå-Baches beobachtet man Meerforellen; aber es ist kein Vergleich zur Salene-Bucht!

58. Randkløve Skår – Von rock pools und Grundeln
Morgens zwischen acht und neun Uhr herrscht eine bezaubernde Stimmung in der schmalen tiefen Schlucht Randkløve Skår. Die Sonne fällt zwischen die Wände dieser großen Felsspalte, beleuchtet die Bäume, Farne und Heidekräuter in den Wänden und sorgt für anregende Schattenspiele. Im Gegenlicht tanzen Sonnensterne auf den Kräuselwellen der Ostsee.
Um das Randkløve-Gebiet erheben sich die Küstenfelsen aus Gneis noch einmal auf 20 bis 30 Meter über den Meeresspiegel. Der Wanderweg von Saltuna nach Randkløve Skår und Bølshavn ist geprägt von dichten Eschen-Ulmen-Wäldern, durchsetzt mit Spitzahorn und Kirschen. Vor allem bei Saltuna und Bølshavn liegen botanisch interessante Strandwiesen mit Mehlprimel, Salzbunge, Gelber Spargelbohne und Pfeifengras. Im Winter werden diese Wiesen oft von der Ostsee überflutet.
Apropos überfluten: Auch im Felsgebiet von Randkløve Skår gibt es Lebensräume, die stark davon geprägt sind. Rock pools heißen Felstümpel ohne Verbindung zum Meer. Diese Becken werden, wenn das brandende Meer die Küstenfelsen überspült, mit Ostseewasser gefüllt. Verdunstung lässt das Wasser in den rock pools stark salzhaltig werden. Dann setzt Starkregen ein. Große Mengen Regenwasser sammeln sich in den rock pools, lassen sie überlaufen

Links: Der Taucheinstieg ist auch die Badestelle von Listed.
Rechts: Ein großer alter Stockanker ziert den Kai des kleinen Fischerhafens von Listed.

– und drücken den chemischen Zustand der Tümpel in den Süßwasserbereich. Das sind wechselnde Lebensbedingungen an der Grenze des Unerträglichen; weshalb man nur einige Algen und Wasserinsekten dauerhaft in den rock pools findet. Im Frühling laichen in diesen flachen Schärenteichen Kreuzkröten und viele Salamander.
Zwischen Saltuna und Bølshavn ist die Küstenstraße weit vom Meer entfernt, auch vom nächstgelegenen Parkplatz ist es ein ausgedehnter Spaziergang bis Randkløve Skår. Wegen des weiten Weges und des Herabkletterns zwischen den Küstenfelsen ist das Gerätetauchen nicht leicht zu bewerkstelligen, aber das Schnorcheln ist vor Randkløve Skår sehr zu empfehlen!
Die Stars der Lebensräume in geringen Tiefen sind eindeutig die verschiedenen Grundelarten. Wo sich zwischen den Felsen und an den Enden des Randkløve-Massivs Sandflecken am Grund befinden, leben bereits ab knietiefem Wasser Sandgrundeln. Die sandfarbenen Fische werden im salzarmen Wasser der Ostsee nur um die fünf Zentimeter lang. Obwohl Sandgrundelschwärme bis in 200 Meter Tiefe leben sollen, hat ihnen die Vorliebe für flache sandige Strände auch den Namen Strandküling eingebracht. Vor Bornholm nutzen diese Grundeln jede leere Muschelschale als Dach für eine kleine Höhle im Sand, in welcher sie im Hochsommer ihren Laich ablegen. Die Schalen der Sandklaffmuscheln scheinen sie besonders zu schätzen.
Die kleinen Sandgrundeln zeigen ein ausgeprägtes Sozialverhalten. Wenn sich ein Fisch einer anderen Art im Laichgebiet der Sandgrundeln bewegt, stürzen sich gleich alle Männchen dieses Reviers auf den Eindringling, um ihn zu vertreiben. Sandgrundeln sind die bevorzugte Beute von Steinbutten.
Wo im Flachwasser spärliches Seegras oder große Blasentangfelder wachsen, kreisen die Schwärme der winzigen Schwimmgrundeln. Diese planktonfressenden Fische sind oft zu scheu und zu schnell für eingehende Beobachtungen.

Die imposantesten Vertreter der Grundelfamilie sind die Schwarzgrundeln. Diese Art kann knapp 20 Zentimeter lang werden, erreicht aber im Brackwasser vor Bornholm meist nur 10 bis 12 Zentimeter. Schwarzgrundeln bevorzugen den Lebensraum zwischen Felsen und Geröll, überwiegend findet man sie erst ab zwei Meter Tiefe. Große, sehr dunkel gezeichnete Grundelmännchen sind Einzelgänger, die ein Revier beanspruchen, aus welchem sie Artgenossen vertreiben. Kleinere, etwas hellere – sozusagen rangniedrigere Schwarzgrundeln bewohnen oft gemeinsam dieselbe Höhle oder Felsspalte. Wenn Sie Schwarzgrundeln mit einer zerdrückten Miesmuschel und etwas Geduld zur Beobachtung hervorlocken, werden Sie sehen, wie die großen, fast völlig schwarzen Männchen zuerst fressen. Kleinere Individuen schnappen ängstlich seitlich abfallende Brocken weg und fliehen dann wieder auf sichere Distanz.
Schwarzgrundeln heften ihr Gelege offen an Holzstücken und Steine; das Männchen bewacht die Nachkommen für etwa drei Wochen. Schwarzgrundeln sind Einzelkämpfer, eine gemeinsame Verteidigung des Laichreviers wie bei den Sandgrundeln gibt es bei ihnen nicht. Das von dem Grundelmännchen bewachte Gelege hat ein ungewöhnliches Aussehen. Während die meisten Eier anderer Fischarten kugelrund sind, haben Grundeleier eine lang gezogene keulenartige Form. Dabei ist das schlankere Ende zum Meeresboden weisend am Untergrund angeheftet, das dickere Ende mit der manchmal schon sichtbaren Grundellarve zeigt nach oben. Diese Eier sind etwa zwei Millimeter lang.
In flachen kleinen Buchten südöstlich von Randkløve Skår wachsen Blasentangfelder. Dort suchen bisweilen Meerforellen in ganz flachem Wasser nach Nahrung.

59. Listed – Tauchen vor der Klippenküste

Wenn Sie von der Straße Gudhjem – Svaneke in das winzige Fischerdörfchen Listed abbiegen, erreichen Sie einen besonders malerischen, ursprünglichen Ort auf Bornholm. Ein Dorf mit Fischereihafen, kleinen Räuchereien und einem schönen Küstenwald am östlichen Ortsende.
Etwa 300 Meter östlich des Hafenbeckens, ganz in der Nähe zweier früherer Räuchereigebäude mit jeweils drei Schloten, entdecken Sie leicht den grobkiesigen Einstieg inmitten schroffer Klippen. Meist liegen hier nur ein paar Ruderboote auf dem Trockenen und eine freundliche Wiese bietet sich für die Tauchvorbereitungen an. Ein wenig sieht es hier aus wie an der Badestelle des Dorfes …
Leicht können Sie durch eine nur zwei bis vier Meter breite Gasse zwischen den Klippen ins Meer hinausschnorcheln. Zwischen Blasen- und Darmtang liegt so manche rostige Stegankerkette am Grund und erinnert ebenso an die Seefahrer wie der große Stockanker am Hafen von Listed.

Sobald es tiefer wird, ist es günstig, links um Felsmassive herum etwa nach Norden bis Nordwesten zu tauchen. Hier schlüpft man durch manchmal nur einen Meter breite Canyons zwischen den Klippen weiter hinaus ins Meer. Die Klippen dicht unter Land zeigen heftigst von der Ostsee bearbeiteten blanken Fels. Am Meeresboden existieren sanft ausgeschliffene steinerne Wellen, die wie ein gewolltes Abbild der freundlichen Osteedünung an der Oberfläche wirken. Erst in 5–6 Meter Tiefe verliert sich der Anblick sauber bearbeiteten, unbewachsenen Steines. Tiefer reicht die Kraft der Wellen offenbar nur selten.
Nun tauchen wir über weite Flächen kugelrunder Findlinge, aus denen sich immer wieder einmal gleich einem unterseeischen Gebirge eine jener Klippen erhebt, wie sie am Ufer aus dem Wasser ragen. Geschützt liegende Partien des Grundes sind überwiegend mit hellgrünem Darmtang und goldgelbem Blasentang bewachsen, die tieferen Findlingsfelder tragen dagegen ein sattes samtiges Grün zur Schau, als ob sie bemoost wären. Auf den Kronen der Unterwasserwälle wuchern Rottang und kleine Ausgaben der Felszweigfadenalge.
Das Revier ist reich an diversen Grundeln und Ohrenquallen. Immer wieder sehen wir Aalmuttern davonflitzen oder Flundern gemessen entschweben. Aber am schönsten sind wohl die schwankenden Tange und Lichtreflexe genau dort, wo wir die Brandung der Ostsee an den Klippen gefahrlos von unten betrachten können. Auf einem einstündigen Tauchgang sind vor Listed leicht 12–15 Meter Tiefe zu erreichen. *Infos: Tauchbasis 18.*

60. Svaneke und Hullehavn – Maulbeerbäume und Seehasen
»Die Sonne scheint zuerst in Svaneke!«, lautet der Touristenslogan der kleinsten und östlichsten Provinzstadt Dänemarks. Die vielen Sonnenstunden und lange Sommer haben in Svaneke eine südländische Vegetation wachsen lassen, die im kühlen Ostseeraum nicht erwartet wird. Maulbeerbäume, Weinstöcke, Feigenbäume, Walnussbäume und Kastanien überragen die Mauern und niedrigen Fachwerkbauten. Der Bewuchs unterstreicht den historisch-verwinkelten Charakter der Stadt, die sich auf einer unebenen, sanft abfallenden Granitfläche mit Buchten, Kaps und Schären erhebt. Das idyllische Svaneke gilt als die besterhaltene Fachwerkstadt der Insel und wurde im Europäischen Denkmalsschutzjahr 1975 dafür ausgezeichnet. Neben den altertümlichen Gassen und Häusern bestimmen ganz wesentlich Hafen und Schiffahrt das Flair der Stadt. Der Hafen ist beinahe der jüngste Teil von Svaneke, er wurde 1897 eröffnet. Den ursprünglichen Hafen, der Svaneke seit dem 15. Jahrhundert zu einem Handelsplatz von Rang machte, zerstörte im Jahre 1872 die berüchtigte Jahrhundert-Sturmflut. Ein Uferspaziergang bei Svaneke führt Sie zu liebevoll restaurierten Riesenkanonen, der alten Küstenbatterie, ausgestellten Segelschiffsteilen und der Heringsräucherei.

Oben links: Blick auf die Klippen vor Hullehaven mit dem Leuchtturm.
Oben rechts: Vor Svaneke finden Seehasen einen geeigneten Lebensraum.
Unten links: Am Tauchplatz Arsdale gelangt man auf langen Pfaden zur Küste.
Unten rechts: Nur selten begegnen wir solch gelassenen Plattfischen.

Südlich von Svaneke steht in einem Wäldchen auf einer bizarren Landzunge der Leuchtturm von Sandkås Odde. Das Seegebiet um diesen Leuchtturm zählt zu den besten Tauchgebieten der Insel, nicht wenige einheimische Taucher halten diesen Ort für den besten Tauchplatz Bornholms überhaupt. Insbesondere in der Vor- und Nachsaison kann bis in die Nähe des Leuchtturms gefahren werden. Der ideale Einstieg ist der kleine Bootshafen Hullehavn. Hier finden Sie eine stählerne Leiter an der Mole, haben aber auch die Möglichkeit, über seichtes Sandufer ins Wasser zu laufen. Sogar einen Sprungturm gibt es …
Schon das schmale Hafenbecken – meist klar und völlig zu überblicken – ist reich bewachsen. Der Untergrund besteht aus Findlingen und grobem Geröll, welches völlig von Miesmuscheln überzogen ist. Zwischen den Steinen, aber

auch auf den Muschelbänken wachsen die verschiedensten Algenarten. Lichtgrüner Meersalat, Gabeltang, Zuckertang, der Flache Darmtang, die Felsen-Zweigfadenalge, Schwarzer Röhrentang und weitere Gewächse bilden einen bunten, in der Dünung schwankenden Dschungel. Die Farbpalette reicht von tiefschwarz über dunkelbraun, rotbraun, gelborange bis hin zu giftgrünen oder gar weißen Gebilden. Vor allem in Tiefen, in dem der Tang von den Wellen bewegt wird, verstecken sich zahlreiche Garnelen. Über weite Flächen dominiert der wellenschlagfeste Blasentang, Sägetang sieht man nur sehr selten. Stichlinge schweben über Tangbüschel wie Hummeln über Blüten an Land. Überall streifen kleine Grundelschwärme umher. Wir beobachten Schwärme von Großen Sandaalen und immer wieder einzelne Aalmuttern. In diesem reich belebten Revier scheint es dem Einzelgänger Seeskorpion zu unruhig, wir sehen nur selten einen. Der völlig stein- und muschelbedeckte Grund ist zudem ein schwieriges Terrain für Plattfische. In geringen Tiefen beobachten wir wieder Massen von Flohkrebsen, die für zahlreiche Fische von Interesse, für Flundern jedoch geradezu »Leibspeise« sind.

Bis in etwa vier Meter Tiefe dominiert der Blasentang, wächst zusammen mit Büscheln anderer Tangarten sogar auf den Miesmuschelbänken. Erst in etwa 5 bis 10 Meter Tiefe sind die Steine dann nur noch von Miesmuscheln und kleinwüchsigen Tangen bedeckt. Hin und wieder sieht man einzelne Herzmuscheln. Ab über zehn Meter Tiefe beherrschen kleine schwarze Miesmuscheln die Szene.

Nach dem Abtauchen im Hafen führt der Weg automatisch in die Tiefe. Wenn Sie dicht am Grunde entlang tauchen, versperrt in etwa 7 Meter Tiefe ein Fels den Weg, nach rechts öffnet sich eine Art Hohlweg, ein Unterwassercanyon.

In den Muschelbänken und Überhängen dieses Canyons laichen im Frühjahr Seehasen oder Lumpfische. Diese Tiere erkennt man an der plumpen, beinahe kastenartigen Körperform. Außerdem sind ihre Bauchflossen zu einer ovalen Haftscheibe umgebildet. Für kurze Zeit sind die hellgrauen Weibchen aus der Tiefe des Meeres aufgestiegen. Sofort wird das Weibchen von einem imposant rotorange gefärbten Männchen umworben und zur als Nest ausgewählten Kuhle gedrängt. Wenn die Vorbereitungen die Zustimmung des Weibchens finden, laicht es hier nach kurzem Paarungsspiel ab und das Männchen befruchtet die Eier. In kürzester Zeit ist das Seehasenweibchen wieder in der schützenden Tiefe verschwunden. Für das Männchen hingegen beginnt eine entbehrungsreiche Zeit: Es bewacht das Gelege, wehrt potenzielle Laichräuber ab und fächelt mit den großen Brustflossen sauerstoffreiches Frischwasser über das Gelege. In Abständen drückt es sogar mit dem Maul einen kräftigen Wasserstrom über den Nachwuchs. Während dieser 3 bis 6 Wochen frisst das Männchen kaum und scheut sich auch nicht, einen Taucher per Rammstoß vertreiben zu wollen.

Seehasen sind damit eine der relativ wenigen marinen Arten, die im Brackwasser östlich der Darßer Schwelle noch ablaichen und Nachkommen haben können. Viele Tierarten wie zum Beispiel Krabben, Seesterne, Seeigel oder eine ganze Reihe von Fischarten können als erwachsene Tiere (Adulte) in der Ostsee leben, aber ihre Larven beziehungsweise Jungtiere würden im salzarmen Medium sterben. Daher laichen zahlreiche Arten in der salzreicheren Westostsee, in Belt, Skagerrak oder Nordsee.
Auch den Seehasen ist die Anpassung an die Brackwasserregion anzusehen. Atlantische Lumpfische können etwa 60 Zentimeter lang sein, in der Westostsee vor Lübeck und Wismar werden Seehasen ungefähr noch 40 Zentimeter groß, um Bornholm beobachten wir laichreife Tiere von etwa 20 Zentimeter Totallänge. Nahezu alle marinen Lebewesen, die Brackwasser ertragen, sind kleiner als ihre Artgenossen im Ozean. Die Anstrengungen der im Brackwasser lebenden Arten sind mehr auf Überleben und Durchhalten als auf Größenwachstum gerichtet.
Vor Hullehavn entdecken wir auch in Tiefen von über 10 Meter zahlreiche prächtige Schwarzgrundeln. Auf dem Wege in die Tiefe finden wir nur wenige sandige Partien, die Oasen für Sandklaffmuscheln und Plattfische darstellen.
Nach dem Unterwassercanyon geht es über riesige Findlinge rasch weiter in die Tiefe. Vor Hullehavn sind ebenso wie vor der Landspitze Sandkås Odde schon etwa 100 Meter vom Ufer entfernt 30 Meter Tiefe erreichbar. An mehreren Stellen sind dabei Steilabfälle aus weißen Felsplatten und Fischschwärme zu bewundern. Mitunter ziehen hier Sandaalschwärme mehr als 15 Meter tief und sind sehr neugierig auf die Luftblasen von uns Tauchern. Manchmal ist zu beobachten, wie Meerforellen unter den Sandaalen rauben.
Wenn Sie beim Auftauchen von unten her in Blasentangfelder hineinsehen, können Sie oft junge Dorsche auf Nahrungssuche beobachten. Der Felscanyon, in dem im April die Seehasen laichen, wird offenbar im Herbst ebenso wie weitere Felsspalten zum Quallenfriedhof. Hunderte Ohrenquallen sinken hier ab, verenden und zerfallen.
In der Hochsaison ist der kleine Badestrand am Hullehavn von Badegästen belagert, vor allem vom nahe gelegenen Campingplatz. Auf dem Campingplatz Hullehavn finden Sie – nur in der Saison – Kompressor und Füllstation vor, jedoch keine Ausrüstungsausleihe.
Bei Badebetrieb fahren die Bornholmer Taucher nicht bis zum Leuchtturm vor Sandkås Odde oder Hullehavn, sondern parken die Autos auf den südlichen Uferstraßen von Svaneke, namens »Ved Stranden« oder »Skovgade«. Auch von hier aus erreichen Sie gut die beschriebenen Tauchgründe und Tiefen. Im Interesse des freundlichen Miteinanders von Tauchern, Sportfischern und Badegästen ist für die Hochsaison dieser Parkplatz zu empfehlen. *Infos: Tauchbasen 16 und 18.*

61. Årsdale südwärts – Tauchen bei Skåret

Auf der Küstenstraße, unterwegs von Svaneke nach Neksø, passieren Sie unterwegs Årsdale. Das Wahrzeichen dieses Ortes ist eine sehr gut erhaltene Windmühle von 1877, die voll funktionstüchtig ist und besichtigt werden kann.

Seeseitig der Küstenstraße erreichen Sie – etwa auf halbem Wege zwischen Årsdale und Svenskehavn – einen lang gezogenen Parkplatz. Dieser hat nur eine Einfahrt wie ein Kopfbahnhof und ist mit Toiletten und Bänken ausgestattet. Dieser Parkplatz ist ein guter Ausgangspunkt für Tauchgänge vor der Felsküste. Von oben haben Sie einen phantastischen Ausblick auf Strandwiesen, Klippen und vorbeiziehende Fischkutter – unten spielt die Ostsee zwischen im Wasser liegenden Felsen. Linker Hand des Parkplatzes sehen Sie ein kleines Felskap namens Skåret in der Ostsee, direkt unterhalb Ihres Standortes schmücken zahlreiche Steine und auch von Sportfischern geschätzte Riffe die Ostsee, rechter Hand trennt ein Hügel mit der alten Schanze »Gulhalds Batteri« diesen Ort vom nächsten Tauchplatz Svenskehavn.

Über einen gewundenen Pfad geht es etwa 200 Meter bis ans Wasser hinab, unten trifft sich der Pfad vom Parkplatz mit dem Kyststi geheißenen Wanderweg am Wasser. Über große Steine kommt man soweit an die Ostsee heran, dass man sitzend, die Beine schon im Wasser, die Ausrüstung komplett anlegen kann. Dabei sollten Sie immer die anrollenden Wellen beachten, denn diese sind durchaus nicht von gleichmäßiger Wucht und Größe. Allzuschnell haben die Ostseewellen eine Flosse oder eine Kamera in die engen Spalten der Klippenküste gespült!

Unter Wasser führt der Meeresgrund stufenweise, etwa wie die großen Terrassen eines Weinberges, in die Tiefe. Auf den Stufen stehen immer wieder große nordische Findlinge, auf welchen dichte Blasentangfelder wachsen wie der Dschungel auf einem Tafelberg. Die Geröllfelder dieser Unterwasserlandschaft werden von Schwarzgrundeln geschätzt, in den Tangen beobachten wir auch alle drei Stichlingsarten. Schollen und Flundern haben sich farblich ans rotbraune Felsgebiet angepasst, und es ist ihr besonderer Trick, hochkant an fast senkrechte Steinflächen angelehnt zu ruhen. Dabei entdeckt man die Plattfische nur sehr zufällig. Im Übrigen ist es gar nicht leicht, Schollen und Flundern auseinander zu halten. Mancherorts laichen Flundern und Schollen gemeinsam ab und daraus entsteht eine Vielzahl von Bastarden, so genannte »Blendlinge«. Diese Tiere haben eine etwas glattere Haut als Flundern; die bei den Schollen deutlich abgegrenzten roten Flecken treten bei »Blendlingen« undeutlich verwaschen hervor, aber noch nicht so marmoriert wie bei den Flundern. Es gibt eine große Anzahl von Farbanomalien, Anpassungen an spezielle Biotope und Ähnliches. Es ist nicht immer möglich, nach Fotos »Scholle« oder »Flunder« festzulegen – ganz sicher wäre die Bestimmung erst anhand eines gefangenen Tieres. Eindeutig sind lediglich sehr große – und

Am Klippentauchplatz Svenskehavn.
Insert: Die Schwarzgrundel bewohnt felsige Reviere.

inzwischen sehr seltene – Tiere: Flundern erreichen nur etwa 50 Zentimeter Länge und vier Kilogramm Gewicht, Schollen bringen es maximal auf 7 Kilogramm und einen knappen Meter Körperlänge.
In diesem Meeresgebiet, dessen ein markant vorspringendes Felskap Skåret heißt, sieht man immer wieder Große Sandaale als Schwärme ziehen. Das Erstaunliche ist, dass ein Schwarm, von der Seite beobachtet, eine ähnliche Form hat wie ein einzelnes Tier dieser Art: Als ein lang gezogenes silbriges Band, oft nicht einmal einen Meter hoch, aber 10 bis 15 Meter lang, schwimmen die Fische »im Verbund«. Dies mögen die Schwärme sein, welche von Makrelen auf hoher See zur Freude der Möwen und Seeschwalben an die Oberfläche getrieben werden.
Auch an diesem Tauchplatz bei Skåret wird es für Ostseeverhältnisse rasch tief, problemlos erreicht man bei einem Tauchgang von Land aus 20 Meter Tiefe. Im tangreichen Biotop beobachtet man kleine Dorsche, Seehasen, Grasnadeln und vor allem im Frühsommer Hornhechte. Hornhechte gelten auf Bornholm als die Sommerboten. Sie erscheinen im Mai und Juni vor der Insel und verschwinden im Spätsommer. Obwohl einzelne Hornhechte in der Ostsee verbleiben, verbringt die größere Zahl dieser Fische den Winter in Atlantikregionen, die nicht so kalt wie die Ostsee werden. Sportfischer fangen bei Skåret angeblich die genau passenden zarten »Bratpfannendorsche«. Neben

dem Dorsch oder Kabeljau selbst ist die Familie der Dorschartigen *(Gadidae)* durch den Wittling, den Köhler und den Lengfisch um Bornholm vertreten. Der Wittling – eine recht kleine Art der Dorschfische – trägt am Ansatz der Brustflosse einen schwarzen Fleck und lebt um Bornholm an seiner östlichen Verbreitungsgrenze. Der Köhler fällt durch eine sehr gerade Seitenlinie auf, außerdem liegt bei dieser Art der After genau unter dem Hinterende der ersten Dorsale (Rückenflosse). Der Leng ist eindeutig an der jeweils sehr lang gestreckten zweiten Rückenflosse und Afterflosse kenntlich. Leng, Wittling und Köhler werden sehr selten beobachtet.
Etwas häufiger sind vor Skåret Steinbutt und Aal zu sehen. Erst weit draußen mit Blick zur Wasseroberfläche beobachtet man gelegentlich Schwärme der flinken Sprotten. Wer sehr gut tariert und flach atmend taucht, kann entlang der Küste Scharen von Seeforellen ziehen sehen.

62. Svenskehavn – Naturhafen unter Wasser

Kurz vor Ortslage Nexø weist ein unscheinbares Schildchen gen Ostsee; Inschrift: Svenskehavn. Über einen gewundenen Fahrweg erreichen Sie einen winzigen, buschumstandenen Parkplatz. Vielleicht fünf Wagen mögen hier Platz haben.
Nun ist auch die Ostsee schon zu hören und zu sehen. Vor Svenskehavn brandet das blaugrüne Wasser über gemütlich abgerundete Klippen. Die außer bei direktem Oststurm einigen Schutz bietende Bucht ist auch bei Bootsbesitzern beliebt. Ein ganzes Stück rechter Hand des Parkplatzes liegen sommers ein paar Kähne vor Anker, eine kleine Slipanlage mit Schienen, Bootswagen und Winde ist zwischen den Felsen vorhanden.
Linker Hand vor dem Parkplatz erstreckt sich eine rundliche Felsgruppe, etwa von der Grundfläche zweier Trucks, ins Meer hinaus. Von Generationen Sportfischern und bislang sehr wenigen Tauchern ausgetretene Pfade führen Sie auch voll ausgerüstet leicht an günstige Einstiegsstellen. Oft sind im klaren Wasser jene Stufen gut zu sehen, wo man im Moment des Flossenanlegens die Kamera(s) ablegen kann, um gleich darauf in »See zu stechen«. Im Angespül zwischen Felsen findet man häufig bizarre Krabbeltiere wie Sandhüpfer und Strandflöhe.
Vor Svenskehavn beobachten Sie eine reich mit Tangen bewachsene Unterwasserwelt wie vor Hullehavn. Ganze Steine sind dunkelrot, aber manchmal auch hellgrau überwachsen. Vor allem auf roten bis braunen Algenbelägen liegen oft junge Plattfische, Flundern, Steinbutte, Schollen und Ähnliche, wenn sie gerade einmal die Form und Größe von versunkenem Herbstlaub erreicht haben. Ein fingerlanger Steinbutt sieht aus wie ein blasses welkes Blatt, das Sie auch auf einem andersfarbigen Algenrasen nicht bemerken werden, ohne ganz genau hinzuschauen. Bisweilen sieht man vor Svenskehavn auch einmal eine der seltenen, schwarzgrau marmorierten Kliesche. Dies ist bemerkens-

wert, da vor allem Klieschen und Schollen durch Überfischung in zentralen Ostseeteilen immer seltener werden. Klieschen leben völlig pelagisch, das heißt, auch ihre Eier und Larven entwickeln sich treibend im Freiwasser. Das Bornholm-Becken ist ihre letzte ökologisch intakte Kinderstube …
Der Tauchplatz Svenskehavn bietet oft schon am Einstieg bei den Klippen vier Meter Wassertiefe. Dort ist im lichtdurchfluteten Wasser das ideale Blasentangrevier. Im Blasentang verstecken sich Seestichlinge und Seeskorpione. Die länglichen Seestichlinge lieben es, senkrecht zwischen Tangen zu stehen und sozusagen optisch Halm unter Halmen zu sein. Besondere Highligths sind völlig schwarze Seeskorpione – die nur selten gesehen werden. Vor allem Seeskorpione sind die Ruhe selbst, auch dann, wenn sie zeitweise gesehen werden können. Manchmal bringt es die Dünung der Ostsee mit sich, dass Seeskorpione vom mitschwankenden Blasentang mal freigelegt und dann wieder versteckt werden, immer auf und ab, dass sich Blasentang flach über Seeskorpione legt und diese zu verstricken droht. Und das alles stört die Tiere überhaupt nicht.
Bisweilen lohnt es sich, zwischen Gerölle zu tauchen und auch in nicht betauchbare Spalten und Höhlen hineinzusehen und hineinzuleuchten. Oft werden Sie unter großen Steinen knapp metergroße Dorsche versteckt finden, die erst nachts auf Jagd gehen werden. Nahezu unfotografierbar manövrieren diese Dorsche im Finsteren oder stehen reglos wie die Hechte. Kleinere Dorsche hingegen – von der Färbung her so genannte Grasdorsche – suchen auch am Tage im Blasentang nach Fressbarem.
Vor Svenskehavn scheinen die allgegenwärtigen Schwarzgrundeln die hinsichtlich Wellenschlag ruhigen Tiefen von 6 bis 10 Meter zu bevorzugen. Dreistachlige Stichlinge und Sandgrundeln streifen in wolkenförmigen Schwärmen umher, manche blasentanggekrönte Findlinge mutieren zum »fish head«.
Vor Svenskehavn sind zahlreiche Ohrenquallen zu beobachten; die in der Westostsee sehr häufig sind, aber zwischen Rügen und Bornholm schon kleiner und seltener werden.
Ohrenquallen sind die geschlechtliche Generation eines Nesseltieres, des so genannten Scyphopolypen. Die im Zentrum der farblosen Qualle sichtbaren, rosa bis orange gefärbten Viertelkreise sind die Geschlechtsorgane der Ohrenquallen. Aus den Eiern der Ohrenquallen entstehen Larven, die nach einiger Zeit des freien Umherschwimmens sesshaft werden und sich in einen kleinen Polypen mit Fangarmen verwandeln. Diese Scyphopolypen bilden im Frühjahr einen länglich – stabförmigen Körper aus. Dieser Körper teilt sich »scheibchenweise« quer. Biologen bezeichnen diesen Vorgang, bei dem ringförmige Scheiben abgestoßen werden, als Strobilation. Diese Scheiben beginnen nun ihr Leben als freischwimmende Ohrenquallen. Ohrenquallen leben nur ein halbes Jahr, oft gehen sie nach der Eiablage, spätestens jedoch im Herbst zugrunde. Interessanterweise kann der Scyphopolyp, der viel weniger

bekannt ist als die kurzlebige Ohrenqualle, nach der Ablösung der letzten Scheibe wieder Fangarme bilden und als Polyp weiterleben. Im Gegensatz zur Qualle wird der Polyp mehrere Jahre alt. Nahezu alle Scheibenquallenarten haben einen solchen Vermehrungszyklus.

Während man mit Ohrenquallen unbesorgt umgehen kann und sich diese wegen ihrer Durchsichtigkeit und des flächigen Körperbaus auch vorzüglich als Models für Gegenlichtaufnahmen eignen, sollte man mit Gelben Haarquallen eher vorsichtig sein und Distanz halten. In der Ostsee treibende Gelbe Haarquallen haben oft »nur« einen Durchmesser von 40 Zentimeter. »Nur«, weil sie im Atlantik bis zu einen Meter groß werden! Aber auch die kleinen Exemplare nesseln stark und verursachen brennenden Schmerz. Gefährlich sind diese Tiere vor allem für Allergiker. Mehrmaliges Zusammentreffen mit Nesselquallen kann die Giftwirkung übrigens erheblich steigern, bis hin zu Fieber, Krämpfen und Atembeschwerden. Deshalb ist Vorsicht und Abstand bei Fotoarbeiten zu empfehlen. Sollten Sie doch einmal in unerwünschten Kontakt mit den Nesselkapseln dieser Tiere kommen, hilft vor Ort ein Abreiben der Stelle mit nassem Sand. Sofern möglich, sollten Sie die betreffenden Hautpartien mit Methylalkohol abwaschen und mit Olivenöl oder Cortisonsalbe behandeln. Gelbe Haarquallen vermehren sich in der salzarmen Ostsee kaum und sind viel seltener als die harmlosen Ohrenquallen.

Keine hundert Meter vom Ufer weg befindet man sich vor Svenskehavn schon auf 15 Meter Tiefe. Der Grund ist gestaltet von Findlingen in Einfamilienhausgröße sowie bewachsenen Felsspalten, Gräben und Canyons – eine Gegend, die wie geschaffen ist für die variantenreiche Modelfotografie mit geduldigen Tauchpartnern und einer Auswahl von UW-Lampen und Sklavenblitzen.

Obwohl der Meeresgrund durch vorspringende Findlinge und diverse Gräben seine Unregelmäßigkeiten hat, fällt er relativ gleichmäßig in die Tiefe. Man findet hier nicht diese Terrassen wie südlich Arsdale vor Skåret. Bald sind 30 Meter Tiefe erreicht.

Zwischen den dicht bewachsenen Felsen finden Sie immer wieder Lager von rund geschliffenen, völlig unbewachsenen Steinen aus einer Art gestreiftem Mineral – sicher ein spezieller Gneis. Inmitten algenbedeckter Steine und dramatisch wogenden Blasentangs wirken diese Steinlager wie inszenierte Kunstwerke. Vor Svenskehavn lagern außerdem einige rostige Wrack- und Schiffsmaschinenteile im Tang, die wie jede Hafenspundwand mit Seepocken bedeckt sind.

Wenn Sie gern nach bizarren kleinen Tieren ausschauen, sind Sie vor Svenskehavn ebenfalls richtig. Im Blasentang und Darmtang leben Flohkrebse und Baltische Meerasseln, es gibt Sandgarnelen und Felsgarnelen. Vor allem im Flachwasser schweben im Hochsommer ganze Wolken von so genannten Schwebegarnelen, die wohl nach Zooplankton jagen, sich aber offenbar auch

*Links: Sandaale verbergen sich in den kahlen Sandrippeln vor Kobbebro.
Rechts: Schwimmgrundeln vor Randklove.*

über verendete Fische hermachen. Diese winzigen Garnelen haben nur Streichholzgröße und sind ein Überbleibsel (Reliktenfauna!) der letzten Eiszeit. Ihr anderer Trivialname Opossumgarnele bezieht sich auf den Brutbeutel dieser Tiere, in dem sich deren Junge entwickeln. In der Bezeichnung der verschiedenen Garnelenarten herrscht eine beinahe babylonische Sprachverwirrung. Der interessierte Leser verschiedenster Publikationen glaubt bald, dass sich in der zentralen Ostsee zahlreiche Garnelenarten tummeln. Aber es sind leider nur ganz wenige.
Zum einen beobachtet man um Bornholm die Sandgarnele, auch als Nordseegarnele *(Crangon crangon)* bekannt. Die zweite Art ist die durchscheinende Steingarnele, auch als Felsgarnele oder Ostseegarnele bekannt, mit dem wissenschaftlichen Namen *Palaemon elegans*. Die dritte Garnelenart, die Schwebegarnele *(Leptomysis lingvura)*, ist bereits eine entfernte Verwandte. Sie zählt zu den Spaltfußkrebsen und ist den Zehnfußkrebsen *(Decapoda)* nur ähnlich. Die bisweilen von Zeitschriften der zentralen Ostsee zugeschriebene Sägegarnele *(Palaemon serratus)* sahen wir nie.
Auch ein Spaziergang nach dem Tauchen bereitet Freude. Zwischen Svenskehavn und Nexø sind Teile der steinigen Wacholderheide eingezäunt. In den Einhegungen leben lustige schwarz-weiß gefärbte walisische Ziegen. Diese fungieren als »hauptamtliche Naturschützer«; sie bewahren die ursprüngliche Heide vor dem »Verbuschen«. *Infos: Tauchbasen 16 und 18.*

63. Zwischen Sose Odde und Arnager Pynt – Lebensraum Sand und Kreideriff

Mit der Landspitze Sose Odde erreichen Sie südlich von Nylars und Lundestenen eine Küstenregion, die unberührt vom Ansturm der Badegäste bleibt. Bei Sose Odde können Sie dicht an eine Art Hochufer heranfahren, das weiten Ausblick auf die Ostsee bietet, ähnlich wie bei Madsegrav.
Es gilt als sicher, dass vor Sose Odde schwedische Segelschiffe im Sand begraben liegen, die während des Schonischen Krieges 1675 bis 1679 sanken. Allein bei einem Schiffsuntergang im Jahre 1678 sollen im Sturm 1000 Menschen vor diesem Gebiet der Bornholmischen Südküste umgekommen sein.

Die wechselnden Meeresströmungen nehmen den Sand des Meeresgrundes mit und bringen ihn wieder zurück – bislang hat noch niemand Funde von diesen Wracks bergen können. Die Sanddrift in der Ostsee geht in solchen Dimensionen vor sich, dass sogar der Prachtstrand Dueodde schon einmal fast abgetragen war und später in alter Pracht neu entstand.
Das Tauchen vor Sose Odde ist Flachwassertauchen, welches nur bei ruhiger See Spaß macht, weil nur dann das Wasser klar ist. Teile des Grundes sind lehmig und sorgen bei Sturm für besonders trübes Wasser. Im Frühling bis Frühsommer sind in diesem Seegebiet Heringe und Hornhechte zu sehen, Flundern, Steinbutte und Butterfische sind in großer Zahl vorhanden.
Bisweilen beobachtet man vor Sose Odde wie auch am Arnager Rev Steinpicker. Dieser Fisch wird nur 15 Zentimeter lang und gehört – bei ähnlichem Körperbau wie der Seeskorpion – ebenfalls zur Familie der Groppen. Steinpicker haben einen sehr dünn auslaufenden hinteren Körper und Schwanzstiel. Die bevorzugt auf weichem Grund lebenden Fische besitzen auf der Schnauzenspitze zwei Paar Stacheln und tragen zwei kurze, von der Oberlippe nach unten weisende Barteln. Steinpicker sind am Unterkiefer mit zahlreichen weiteren Barteln ausgerüstet, so dass sie beinahe bärtig wirken. Diese Entwicklung der Natur gestattet es dem Fisch, Kleintiere des Weichbodens gut zu orten.
Ein reiner Fischfresser ist dagegen der mit oft 30 bis 40 Zentimeter Länge deutlich größere Rote Knurrhahn. Auch Rote Knurrhähne sind Grundfische, aber auf der Jagd nach Heringslarven und Sprotten trifft man sie auch freischwimmend an, sie springen manchmal sogar über die Wasseroberfläche hinaus nach Anflugnahrung. Nach vielen Verbreitungskarten sollen Rote Knurrhähne in der Ostsee gar nicht vorkommen. Sie werden jedoch vor Südbornholm, um Rügen und sogar im Greifswalder Bodden beobachtet und gefangen; sind also gar nicht so seltene Irrgäste. Knurrhähne können mit der Schwimmblase knurrende Laute erzeugen.
Vor allem südlich von Store Strandbygård und Lille Strandbygård führt die Straße nach Rønne dicht am Meer entlang. Hier lassen sich weitere Tauchplätze finden. In der Arnager-Bucht (Arnager Bugt) erreicht man recht schnell 6 Meter Tiefe, es ist nicht ganz so flach wie vor Sose Odde. In diesem Seegebiet muss man schon genau hinsehen, um die hier dominierenden Plattfische oder Organismen des Schlick- und Sandbodens wie Sandklaffmuscheln, Meeresringelwürmer, Herzmuscheln, Baltische Plattmuscheln, Schlickkrebschen und weitere zu finden. Bisweilen muss man ein wenig im Untergrund graben oder die oberste Sandschicht wegwedeln – was sicher nicht weiter verwerflich ist, solange keine Pflanzen und Algenteppiche dafür zerstört werden. Die Strecke von Sose Odde bis Arnager Pynt ist mit Sand, Schlick, Steinblöcken und unterseeischen Sandsteinriffen recht abwechslungsreich für Ostseeverhältnisse. Bisweilen beobachtet man an der Born-

Butte im Seegebiet Sose Odde.

holmischen Südküste Wollhandkrabben. Diese kommen sogar aus dem Wasser, um im Spülsaum des Meeres Nahrung zu suchen.
Näher an Arnager heran beginnt ein eintöniger Sandboden am Meeresgrund; aber vor Arnager Pynt findet man 50 bis 100 Meter weg vom Ufer Bornholms einzige Kreideformation! Die Kreidefelsen liegen als abgestufte Pultschollen am Meeresgrund und sind stark veralgt, die wattigen Algen weisen auf erhöhten Nährstoffreichtum hin. Dieses Biotop ist von einer Unzahl von Schwebegarnelen bevölkert. Vermutlich wirken sich hier die flache Ostsee, Schifffahrtslinien und der nahe Hafen von Rønne in Kombination auf die Wasserqualität aus. Auch in diesem Revier beobachten wir Aalmuttern und Butterfische, aber alle Fische sind ziemlich unruhig und scheu. Die flachen Kreidefelsen und der Sandgrund bieten natürlich auch nicht so viele Versteckmöglichkeiten wie eine reich gegliederte Felsküste.
Am Ufer vor Arnager Pynt ist der Inselhafen des Ortes sehenswert. Westlich der Treppe zum Strand von Arnager finden Sie im Steilufer frei liegend interessante geologische Formationen. Überwiegend handelt es sich um den fossilienreichen Grünsand. Über dem Grünsand lagert Kalkstein der Oberkreide, in welchem sogar schon fossile Haizähne gefunden wurden. Sollten Sie es lieben, aus dem Urlaubsgebiet einen interessanten Stein mit nach Hause zu bringen, so ist die Küste westlich von Arnager der tollste Ort zum Suchen!

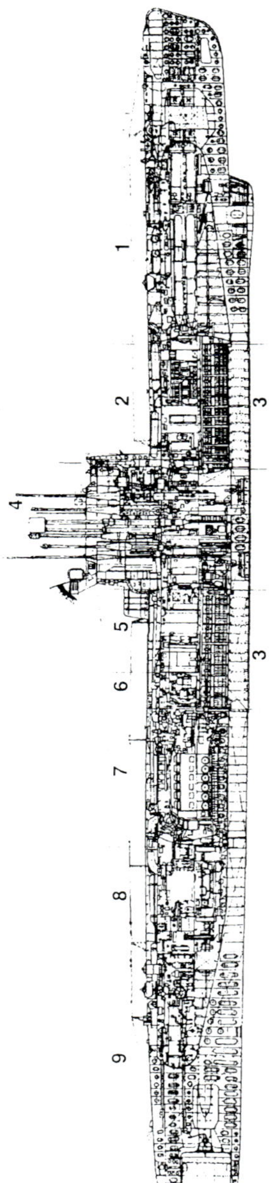

U-Boot vor Bornholm
1 = Vorderer Torpedoraum, 2 = Offiziersquartiere, 3 = Batterien, 4= Kommandobrücke, 5 = Mannschaftsquartiere, 6 = Kombüse, 7 = Maschinenzentrale, 8 = Elektrozentrale, 9 = Hinterer Torpedoraum

Hier lagern große Mengen von kugelrund geschliffenen kleinen Steinen, die äußerst verschiedenfarbig gemasert sind und das ganze »geologische Durcheinander« der Bornholmischen Südküste mit ihren verwirrend vielen Gesteinsarten repräsentieren.

64. U-Boot und Galeasse – Wracks rund um Bornholm

Bornholms offene ungeschützte Lage in der zentralen Ostsee hat dafür gesorgt, dass die zahllosen Wracks im Flachwasser rund um die Insel von der Gewalt der Wellen immer rasch zerstört werden, bis nur noch plan liegende Trümmer vorhanden sind. Es existieren kaum Wracktauchplätze, die in den üblichen Sporttauchtiefen liegen und vom Ufer aus erreichbar wären. Liebhaber des Wracktauchens müssen sich darauf einstellen, dass sie allein mit Hilfe der Tauchbasis oder des Tauchclubs Calypso ein Wrack erreichen können. Die meisten Wracktauchplätze beginnen erst in 40 Meter Tiefe. Dafür gibt es zahlreiche Beispiele, von denen hier drei genannt werden sollen:

Südwestlich von Rönne liegt in einer Grundtiefe von 42 Meter das Wrack einer Galeasse oder Ketsch. Das zweimastige Segelschiff liegt aufrecht auf Sandboden, Kartenhaus, Niedergänge und Takelagenteile stehen noch. Ein beinahe romantischer Anblick im düsteren Dunkelgrün der Ostsee.

Einen spannenden Tauchgang in absoluter Nacht, nur geeignet für mental stabile, sehr erfahrene Taucher, bietet das Wrack KORONOWO. Es handelt sich dabei um einen sehr großen russischen

Abschied von Bornholm – weiter geht's nach Gotland.

Holzfrachter, der in einer Tiefe von 38 Meter (Beginn der Aufbauten) bis 56 Meter (Grund) besichtigt werden kann. Je nach aktueller Lage der für jeden Tauchgang neu gesetzten Markierungsboje und ihrem Tauchprofil haben Sie eine mehr oder weniger kurze Zeit am Wrack zur Verfügung, und ein Dekotauchgang wird es ohnehin …
Ein relativ oft angesteuertes Tauchziel ist das U-Boot-Wrack in 36 Meter Tiefe. Das russische U-Boot zählte einst zur so genannten Whiskey-Klasse und war mit 75 Meter Länge eines der weltweit größten dieselelektrischen Tauchboote. Boote dieser Art wurden bis 1957 gebaut und die letzten waren bis 1991 im Dienst. Dieses U-Boot vor Bornholm sollte – bereits ohne Waffen und Antriebsmaschinen – zur Verschrottung nach Belgien geschleppt werden. Schließlich bestehen U-Boote aus sehr hochwertigem Stahl … Aber im Sturm riss die Schlepptrosse und das Boot fand 1984 doch sein Grab im Meer. *Infos: Tauchbasen 16 und 18.*

IV. Gotland

»Gotland fand zuerst ein Mann, der Thjelvar hieß. Damals war Gotland so verzaubert, dass es am Tage versank und nachts oben war. Aber dieser Mann brachte erstmalig Feuer auf das Land, und seitdem versank es nie mehr,« heißt es in der Stammsage der Gotländer. Doch Gotland ist noch immer verzaubert, das wird jeder bestätigen, der einmal dorthin reiste …
Gotland war einst das Zentrum des Handels im Ostseeraum. Die Insel galt als unermesslich reich. Die Stadt Visby und mehr als 90 über die Insel verteilte Steinkirchen zeugen von diesem frühen Reichtum. Die ruhmreiche Vergangenheit endete schlagartig 1361, als Gotland von den Dänen erobert, geplündert, entmachtet, zerstört wurde. Danach versank die größte Ostseeinsel in Agonie und historische Bedeutungslosigkeit. Die einstige Keimzelle der Hanse spielte im Ostseeraum keine Rolle mehr.
Geblieben ist uns dennoch Visby, die Stadt der Rosen und Ruinen. Eine Stadt, bei der man am Meer sitzen und das Gefühl haben kann, Vineta sei wieder aufgetaucht.
Gotland ist etwa 115 km lang und 45 km breit. Zusammen mit Farö hat Gotland 3140 qkm Fläche. Die Insel hat Wälder und steppenartige Landschaften, Binnenseen, sehr bizarre Felsküsten und eine unglaubliche Anzahl vorgeschichtlicher Kulturstätten. Nirgendssonst im Ostseeraum kann man so viele verschiedenartige Schiffssetzungen, Felsgräber, Runensteine und Fluchtburgen besichtigen. Das weltweit einzig auf Gotland vorhandene Wahrzeichen der Insel sind jedoch die Raukars; phantastisch geformte Felssäulen, die das Meer aus dem unterschiedlich harten silurischen Riffkalk herausgearbeitet hat.
Die Saison auf Gotland ist kurz, geht von Mai bis September. Aber in dieser Zeit kann man wunderbar Familienurlaub machen und natürlich auch tauchen.

65. Brissunds fiskeläge – Der Friedhof der Lübisch-Dänischen Flotte
Während des nordischen siebenjährigen Krieges 1563–1570 ankerte eine Flotte von 36 Schiffen aus Lübeck und Dänemark auf Reede vor Visby. In der Nacht vom 28. zum 29. Juli kam ein schwerer Nordweststurm auf. Die Flotte wurde draußen auf See weit verstreut und 14 Kriegsschiffe sanken oder strandeten, darunter die beiden Admiralsschiffe. Infolge dieser Katastrophe ertranken etwa 6.000 Seeleute. Von beiden Schiffen fanden Sporttaucher eindeutig identifizierbare Gegenstände.
Aus Münzfunden und dem Gewicht der entdeckten Kanonenkugeln lässt sich eindeutig rekonstruieren, dass das lübische Vizeadmiralsschiff JOSVA vor Bris-

Rank bei Langhammars

sunds fiskeläge, 10 Kilometer nördlich von Visby unterging. Die Fundstelle liegt nur 5–7 Meter tief. Die Vielzahl der Einzelfunde lässt vermuten, dass in diesem flachen Terrain weitere Schiffe dieser Flotte zerschellten.
Immer wieder werden Dolchgriffe, Silberlöffel, Bootsmannspfeifen und verschiedenste Kanonenkugeln gefunden. Weil es im 16. Jahrhundert bereits eine gewisse Standardisierung hinsichtlich der Kanonenkugeln und deren Gewicht gab, kann man aus den schwersten 40-Pfund-Kugeln auf sehr große Kriegsschiffe rückschließen.
Wer diesen geschichtsträchtigen Tauchplatz aufsuchen möchte, fährt nördlich aus Visby heraus in Richtung Själsö und biegt dann nach Brissunds fiskeläge ab. Zum Tauchen sollte man vor dem Krusmyntagarden bei Brissund einsteigen. Nach einem felsigen Absatz im Flachwasser wird ein sandiges Tauchgebiet in 4–8 Meter Tiefe erreicht. Es erfordert ein gutes Auge, zwischen Tangen halb im Sand versunkene Gegenstände zu entdecken. Funde sollten nur fotografiert werden; falls doch etwas geborgen wird, gehört der Fund in Gotlands Fornsal Museum. *Infos: Tauchbasen 19 und 20.*

66. Tingstäde – Die letzte Wasserburg der Wikinger

Bei Tingstäde auf Nordgotland liegt der zweitgrößte See der Insel. Der Tingstäde Träsk ist etwa 2,5 x 3,5 Kilometer groß und maximal drei Meter tief. Im Tingstäde See leben Hechte, Barsche, Karpfen und Plötzen. Außerdem sind im klaren Wasser viele Teichmuscheln zu sehen. Für die meisten Beobachtungen genügt es, zu schnorcheln.
Der interessanteste Teil des Sees befindet sich nahezu in der Mitte des Gewässers, mehr als einen Kilometer von jedem Ufer entfernt. Die Einheimischen nennen diese Stelle im See Bulverket. Und tatsächlich, schon vom Boot aus sind die hölzernen Teile einer alten Wasserburg aus Wikingerzeiten gut zu erkennen.
Die bisher vorliegenden Erkenntnisse belegen, dass Bulverket ab 1120 errichtet wurde. Die Anlage war etwa 170 x 170 Meter groß. Ihr heute noch sichtbares Unterwasserfundament besteht aus bis zu 7 x 7 Meter großen, aus behauenen Baumstämmen zusammengefügten Holzkisten. Jeder Stamm wurde einzeln mit entsprechend großen »Montageöffnungen« versehen und dann auf vertikal eingerammte Pfähle gesetzt. Die Vertikalstempel wiederum besaßen unten quer liegende Riegel gegen das Versinken im Seeboden.
Im Inneren der quadratischen Anlage gab es eine freie Wasserfläche als Hafen, die über zwei schmale Bootszufahrten erreicht werden konnte. Die von den Bewohnern nutzbare Fläche war ins Innere des 170-Meter-Quadrates gesehen ringsum etwa 40 Meter breit. Die Analyse der Trümmer am Seegrund ergab, dass auf den Kais dieser Wasserburg einst zahlreiche Hütten und Häuser standen. Die ganze Wasserburg war darüber hinaus von einer Palisade aus doppelt gerammten Baumstämmen umgeben.

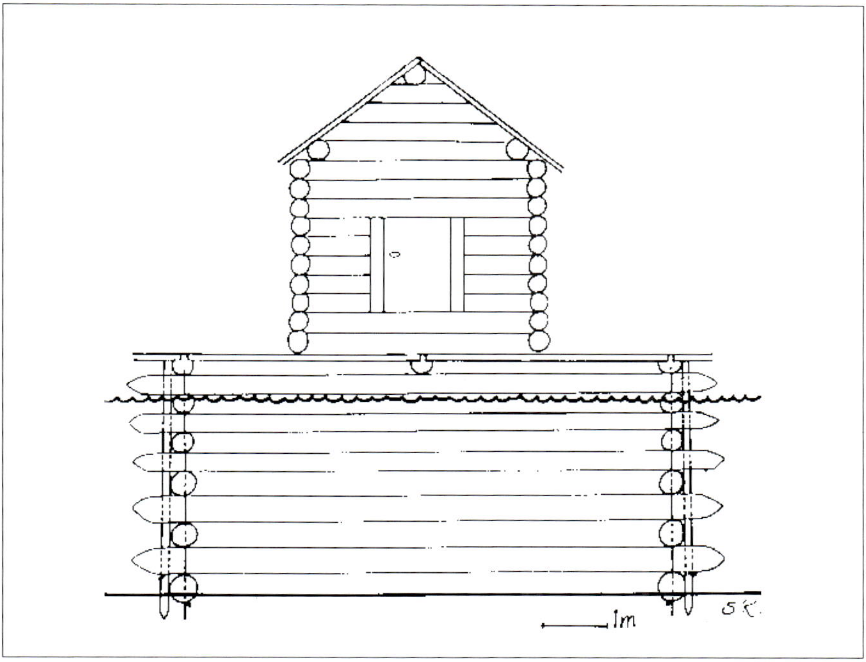

So sah die Wikinger Seefestung im Profil aus.

Im Jahre 1907 erlangte der Artilleriemajor Arvid Zetterling Kunde von Bulverket. Er beabsichtigte, im Tingstäde Träsk zu fischen und die alte Seefestung wurde ihm als guter Hechtfangplatz empfohlen. Der Major war von den alten Geschichten fasziniert und begann privat zu forschen. Mit Ausnahme der Zeit des Ersten Weltkrieges erkundete Arvid Zetterling sein Leben lang die Geheimnisse des Tingstäde Sees. Er mietete dort sogar ein Haus. Der Major erfasste die Position von 3800 Holzteilen per Theodolithenvermessung. Er barg mit Hilfe von Freunden und selbst gebauten Flößen interessante Teile. Er machte die ersten Luftbilder des Sees.
Zetterling wurde in der Region zur Legende; hieß nur noch »der Tingstädemajor«. Wenn die Forschungen mehr Geld erforderten, als der Major aufbringen konnte, veranstaltete er »Bulverketstage«. Dann war Party und Tanz am See, es gab Vorträge über die mysteriöse Wasserburg und natürlich Motorbootsfahrten dorthin. Zu »Bulverketstagen« konnte es vorkommen, dass der alte Major persönlich zur Gitarre griff und für das Publikum sang. Diese Wochenenden müssen Höhepunkte im Kulturleben der Insel gewesen sein, denn die Eisenbahn setzte sogar Sonderzüge Visby – Tingstäde ein.

Links: Der Tingstäde See ist ein großer klarer Binnensee von geringer Tiefe. Rechts: Große Flächen Seegrundes sind mit rätselhaften Holzbauwerken bedeckt.

Der alte Militär veröffentlichte über seine Erkenntnisse nur wenig, baute aber das Bulverketsmodell, welches noch heute als überaus genau gilt und in Gotlands Fornsal Museum zu sehen ist. Die hölzerne Wikingerburg kann man nur als Taucher, bei Windstille vom Boot aus oder bei Blankeis auf dem See besichtigen. Das Bauwerk ist legendär und hat in Skandinavien nicht seinesgleichen. Insgesamt wurden rund 25.000 Baumstämme verbaut. Vergleiche mit militärischen Pionierbauten haben ergeben, dass hier mindestens 100 Männer die ganze eisfreie Saison eines Jahres gearbeitet haben müssen.
Die Faszination, die von der alten Wasserburg ausgeht, ist ungebrochen. So wurde der Platz mehr als 50 Jahre später, in den Neunzigern, erneut auf moderne Weise mittels Side Scan Sonar, Unterwasserfotografie und UW-Ausgrabungen untersucht. Zetterlings Vermessungen erwiesen sich dabei als perfekt zutreffend. Man fand nun auch Teile von Wikingerschiffen in Klinkerbauweise, Eisenmesser, Bronzegegentände und vieles mehr.
Als besonders interessant gilt die jüngste Feststellung, dass es auf der Bulverketanlage auch ein sehr großes Haus, vielleicht eine Halle oder einen Tempel, in Stabbauweise gegeben hat. Darin vermutet man einen Hinweis auf die wirkliche Funktion der Wasserburg.
Die Archäologen wissen sicher, dass nur sehr mächtige Kreise der frühmittelalterlichen gotländischen Gesellschaft diesen Bau organisieren und durchsetzen konnten. Man vermutete zunächst eine rein militärische Funktion, eine Fluchtburg für eine Zeit, in der es auch auf Gotland Auseinandersetzungen zwischen schon zum Christentum übergetretenen und noch im traditionellen Glauben verbliebenen Clanchefs gab. Rätselhaft ist jedoch, dass Bulverket zu wenige Gebrauchsspuren aufweist: kaum Speisereste, keine Überbleibsel von Kleidung und Hausrat, keine Asche von Kochfeuern – nichts, was auf viele Menschen an diesem Platz hinweist.

Deshalb schlussfolgert man heute aus dem Vorhandensein einer großen Halle, dass die Wasserburg vielleicht ganz allein der geschützte Tingplatz Nordgotlands war, der waffenlos und nur für kurze Zeiten betreten wurde. Für diese Version spricht außerdem, dass die einst vorhandenen Hütten gerade so viel Platz boten, dass ein jeder der seinerzeit etwa 500 Höfe auf Nordgotland Abgesandte zum Ting schicken konnte.
Es ist relativ sicher, dass die mysteriöse Seefestung nur für kurze Zeit genutzt wurde. Vielleicht ist der über Wasser befindliche Teil irgendwann abgebrannt? Es ist aus heutiger Sicht auch denkbar, dass die so mühsam errichtete Wikingerburg einfach im weichen Kalkschlamm des Tingstäde Träsk versank. Langsam, aber unaufhaltsam …
Die alte Wasserburg tauchend oder schnorchelnd zu erkunden ist ein unvergleichliches Erlebnis. Um die richtige Stelle im See zu erreichen, sollte man etwa unterhalb der Tingstäder Kirche auf Südkurs zu gehen. Dann wäre ein Kilometer zu schwimmen oder Sie leihen im Sommer ein Boot aus. Eine Annäherung aus anderen Richtungen kann nicht empfohlen werden, weil die alte Holzfestung von einer hufeisenförmigen Kalkschlammbank umgeben ist, über der nur 10–40 Zentimeter Wasser stehen. Für Schwimmer ist es besonders unangenehm, dort zu stranden.
Unter Wasser finden wir teils chaotisch liegende, teils regelmäßig angeordnete Holzteile vor. Viele der Stämme sind sehr groß und fast alle tragen eindeutige Bearbeitungsspuren. Es gibt aufrecht stehende Säulen und Palisadenspitzen, komplette Ecken der gewaltigen Fundamentkästen, Reste von Dachkonstruktionen sowie tausende andere Teile, über deren frühere Funktion man nachsinnen kann. Dazwischen ragen Schilfhalme auf, begegnet man heute ebenso wie früher vielen Hechten und Barschen. Obwohl die Tauchtiefe von höchstens drei Meter nicht rekordverdächtig erscheint, ist Bulverket ein magischer Platz. Ein Stück nordische Geschichte, ein Blick in die Seele Gotlands. *Infos: Tauchbasis 19.*

67. Hallshuk – Im Reich der geschliffenen Felsen

Ab Visby wählt man die Straße 149 in Richtung Nordwesten und Kappelshamn. Auf dieser Route bietet sich ein Ausflug zu den berühmten Lummelundagrotten und Gotlands höchster Raukarsäule namens Jungfrau bei Lickershamn an. Ab dem Hinweisschild »Hall 5 km« geht es über kleine Straßen strikt nach Norden und weiter bis zum Kap Hallshuk.
Hallshuk ist eine jener früher nur während der Fischereisaison bewohnten Fischersiedlungen, die im Schwedischen als Fiskeläge bezeichnet werden. Einige rot gestrichene Häuschen, ein kleiner Hafen und ein winziger hölzerner Glockenturm, das ist ganz Hallshuk. Der Glockenturm, dessen Glocke vermutlich nur bei Nebel auf See betätigt wird, trägt als Wetterfahne ein Meeresungeheuer mit der Jahreszahl 1959. Genau an diesem Türmchen biegen Sie

Rechts: Der Ort Hallshuk besteht aus einigen wenigen roten Häuschen.

Links oben: Das Tauchgebiet Hallshuk im Norden von Gotland.

Links unten: Die Felsformationen vor Hallshuk.

rechts ab in Richtung der bereits sichtbaren weißen Steilküste. Sie wählen einen Weg, der das Sehenswürdigkeitssymbol trägt, worauf bald ein Schild Naturreservat folgt.

Nun führt der kalksteingeschotterte staubige Fahrweg durch den Wald auf dem Hochufer, bis etwas westlich von Hallshuk wieder die Ostsee – die Kappelshamnvik – sichtbar wird. Bald sehen Sie einen Fahrweg, der links ab hinunter Richtung Meer über knorrige Wurzelausläufer führt. Diese Sackgasse (mit genug Platz zum Wenden) endet oberhalb der Einstiegsstelle, und Sie schauen nun schon nahezu von Süden auf das weiße Felskap von Hallshuk.

Über einen Pfad durch das Felsgeröll ist die Ostsee schnell erreicht. Nun stapft man ausrüstungsbepackt noch etwa 50–100 Meter von der Küste weg durch knietiefes Wasser. Schlagartig wird im klaren Ostseewasser die Abbruchkante der obersten Felsschicht sichtbar und das Wasser einige Meter tief. Je nach Seegang kann man hier, gemütlich auf der Kante sitzend, Flossen und Handschuhe anziehen oder muss dies freischwimmend in der Ostsee tun.

Im Flachwasser sind waagerechte Kalkplatten und runde Findlinge zu sehen. Auf diesen Hartsubstraten wuchern rötlich gefärbter Blasentang, Darmtang, diverse Rotalgen und Gabelzweigtang. Überwiegend sind Schwimm- und Schwarzgrundeln zu beobachten, außerdem scheint das Gebiet eine Kinderstube für kaum fingerlange Flundern und Schollen zu sein. Im Frühling tummeln sich vor Hallshuk die Seehasen oder Lumpfische.

Der Meeresgrund fällt hier rasch auf etwa 12 Meter Tiefe ab, wo sich ein Boden aus schneeweißen Steinschüttungen, Sand und kleinen Findlingen anschließt. Der ideale Lebensraum für Plattfische. Ein wunderbarer Tauchgang ergibt sich, wenn Sie vom Einstieg aus nach rechts (nach Süden) tauchen und dabei die Tiefenregion zwischen vier und acht Meter besichtigen. Dann finden Sie im sonnendurchfluteten Flachwasser wunderbare Felstäler und Canyons, Überhänge, Grotten und allerhand weitere phantastische Erosionsspuren des Wassers im Fels. Viele Felsformationen dieses Revieres sind seitlich völlig unbewachsen und offenbaren die geologischen Schichten des Felsens im Querschnitt.
Trotzdem man zuweilen durch schmale Gänge von kaum Taucherbreite schwimmt, wird das Tauchrevier als licht, hell und angenehm empfunden, denn die meisten Gesteinsschichten sind weiß, gelblich oder hellbraun gefärbt. Dazu kommt, dass am Fuße dieser einmaligen Felslandschaften oft schneeweißes Geröll liegt, das viel Tageslicht zurückwirft. Solche vom Meer und vielleicht auch einst von den Bächen der Insel geschliffenen Riffkalkformationen sind typisch für Gotland. Hallshuk ist ein Tauchrevier der Extraklasse, dessen Flair an manchen Stellen der Unterwasserlandschaft des bekannten Tessiner Flüsschens Verzasca ähnelt.
Wer sich nach dem Tauchgang in dieser erholsamen Küstenlandschaft noch etwas umsehen will, spaziert zu dem weißen Leuchtturm von Hallshuk mit seinem Spitzdach und findet 150 Meter westlich davon eine jener mysteriösen bronzezeitlichen Steinsetzungen, die hier erstaunlicherweise Trojaburg tituliert wird. *Infos: Tauchbasis 19.*

68. Tauchgebiet År – Plattentektonik live

Sie fahren von Visby auf der 148 bis Lärbro, biegen hier auf die 149 Richtung Kappelshamn ab und folgen der Westküste der gleichnamigen Bucht Richtung Storungs Stenküsten und Bläse. In Bläse entdecken Sie unübersehbar das Kalkbruchsmuseum, das ein wenig regionale Geschichte nacherlebbar werden lässt. Zum Tauchen fahren Sie am Museum vorbei und bleiben auf den weiß geschotterten Uferwegen am Meer. Der Weg führt über ein Hochufer mit sehr bizarren Windflüchterbäumen, weiß verwitterten Althölzern und Wacholderheide. Außerdem verbergen sich in den nur karg bewachsenen Uferregionen alte Bunker und Küstenbatterien der schwedischen Armee. Diese sind seit Ende des kalten Krieges stillgelegt und stehen angeblich für symbolische Beträge zum Verkauf.
Bald senkt sich das Hochufer nach den letzten Geschütztürmen wieder ab und man meint, an einen Sandstrand zu kommen. Doch auch hier weit und breit kein Sand; der Strand besteht völlig aus kleinen runden weißen Kalksteinen. Eine eigenartig kahle, stellenweise an sonnenverbrannte Mittelmeerinseln erinnernde Landschaft.

Vor År sind im Frühling die Seehasen oder Lumpenfische zu beobachten.

Nach der auf Gotland beinahe üblichen Felsplatte im knietiefen Wasser wird es plötzlich drei bis vier Meter tief. Wenn man vor År und Bläse abtaucht, wird schlagartig das Wort Plattentektonik aus längst vergangenen Schultagen in die Erinnerung zurückgerufen. Der Meeresgrund fällt sehr exakt stufenförmig ab, die Felsplatten ähnlicher Konsistenz und Härte scheinen jeweils ein bis zwei Meter dick zu sein, ehe eine neue andere Schicht folgt. Diese neue Schicht ragt weiter ins Meer hinaus als die darüber liegende. Deutlich sind in jeder einzelnen Schicht die Sedimente zu sehen, denn jede scheinbar kompakte Felsplatte ist ihrerseits im Profil erneut waagerecht gestreift und geriffelt durch die über Jahrtausende hinweg erfolgten Ablagerungen.
Am Drop-off von År geht es treppenförmig steil in die Tiefe, mit zunehmender Tiefe sind die Stufen immer weniger weit vorspringend. Diesem Profil kann man dreißig Meter tief, aber auch in noch größere Tiefen folgen. Die hiesigen Felsen sind allerdings nicht weiß wie vor Hallshuk, sondern wesentlich dunkler gefärbt. Es gibt viele Miesmuscheln und eine Menge kleiner Fische, die sich gern in die dunklen Gesteinsspalten zurückziehen. Sogar die Plattfische dieses Gebietes haben eine dunklere, der Umgebung angemessene Marmorierung ausgebildet. Auch diese drastisch abgestuften Uferbereiche sind ein Seehasenlaichplatz. Allerdings werden die Seehasen im salzarmen Wasser um die Insel Gotland nur noch halb so groß wie ihre Vettern in Nordsee und Atlantik.
Es ist leicht möglich, dass Sie nach Bläse und År fahren und dann wegen des starken auflandigen Windes doch nicht tauchen können. Sofern Sie nicht zu

Links: Im steinigen Tauchgebiet nicht weit von Bläse.
Rechts: Die stillgelegte Kalksteinindustrie von Bläse ist heute Museum.

einem Meerestauchplatz an der Ostküste fahren möchten, bietet sich südlich der Ortschaft År eine Gelegenheit zum Süßwassertauchen.
Bei År gibt es einen hübschen, von Wald umgebenen, 10 Meter tiefen Steinbruchsee, der nur durch einen schmalen Landstreifen von dem viel größeren, aber trüben Natursee Bästeträsk getrennt ist. Hier können Sie einen entspannenden Easy-dive unternehmen und Barschen sowie großen Krebsen nachspüren. *Infos: Tauchbasis 19.*

69. Digerhuvud – Die gläserne Ostsee
Ab Visby fährt man auf der 148 über Lärbro nach Farösund. Dort setzt eine kostenlose Autofähre – nach schwedischer Philosophie Teil des Weges – alle halbe Stunde über zur Insel Farö. Dieses Eiland am Nordende Gotlands ist so etwas wie die Trauminsel der Schweden. Hier haben Prominente der schwedischen Gesellschaft wie der Filmregisseur Ingmar Bergmann ihre Häuser. Farö ist eine herbe, mit Kiefern, Fichten und Wacholder bewachsene flache Landschaft mit einigen Inlandseen. Eine Trauminsel, auf der viele skurrile Felsen zutage treten. Bestenfalls so lieblich wie Sylt oder Hiddensee. Love it or leave it …
Auf der Insel fahren Sie weiter bis Ortslage Farö und biegen dort nach Lauterhorn ab. Unterwegs werden Sie ein Schild »Gamlahamn« entdecken. Dort verbergen sich nach einigen Kilometern Kiefernwald und Fahrweg einige der schönsten Raukars von ganz Gotland und ein längst versandeter Wikingerhafen in der Küstenregion. Besonders beeindruckend ist ein malerisches Felstor unter den Raukars. Ein Weg, der sich lohnt; vor allem kurz vor Sonnenuntergang.
Zum Tauchplatz führt die Straße zunächst bis auf Sichtweite an den kleinen Hafen von Lauterhorn heran, ehe Sie rechts abbiegen müssen, hinein ins ausgeschilderte Naturreservat Digerhuvud. Am ersten Parkplatz nach der Einfahrt ins Naturreservat können Sie den Wagen wegstellen und ihren Tauch-

gang vorbereiten. Unterhalb des Parkplatzes sehen Sie eine malerische Kalksteinküste mit vielen bizarren Raukars, der üblichen im Flachwasser vorgelagerten Felsplatten und zahllosen aus dem Flachwasser ragenden Steinfiguren wie im Märchen. Der äußerlich zauberhafte Platz ist relativ anstrengend zugänglich, und man handelt richtig, wenn man zunächst einen Küstenspaziergang macht und sich einen Pfad einprägt, den man später mit Tauchausrüstung benutzen will.
Ganz links vom Parkplatz kommt man noch am einfachsten zu Wasser und findet dort senkrechte Felswände bis in mehr als 30 Meter Tiefe vor, in deren waagerechten Spalten große Dorsche und Schwarzgrundeln leben. Direkt vor und rechts vom Parkplatz ist nicht allein der Abstieg über geröllbedeckte Pfade anstrengend, man hat dann auch noch 50 bis 100 Meter steiniges Flachwasser oder auch Felsplatten mit zu durchquerenden rock pools vor sich, ehe tiefes Wasser erreicht wird. Stilles Hantieren und aufmerksames Beobachten kann sich vor Digerhuvud besonders lohnen, denn in dieser abgelegenen Gegend werden immer wieder Robben beobachtet.
Bei ruhigem Wetter kann man sich auf dem Riffdach sitzend fertig ausrüsten, bei geringer Brandung kann es schon geschickt sein, mit den Floßen in der Hand auf das nächste 3-Meter-Plateau abzusinken. Fotografen mit großen und schweren Kameras haben es hier nicht leicht.
Vor diesem Tauchplatz existieren Steilwände, die ab einem Plateau in drei bis fünf Meter Tiefe senkrecht bis auf 45–65 Meter Tiefe abfallen. Spätestens in 15 Meter Tiefe ist das Ostseewasser vor Digerhuvud von einer sagenhaften Klarheit. Man schwebt hinab wie im Weltraum und hofft, dass das Jacket genug Auftrieb für derartige Abenteuer haben möge!
Am Fuße dieser Steilwände schließen sich Geröllhalden an. Aber was für Geröllhalden! Die häufig sehr regelmäßig geformten Gesteinsstücke haben nicht selten die Größe von PKWs, Trucks oder kleinen Häusern. Die großen Steine modellieren dann in dieser Tiefe entsprechende Gänge, Durchlässe und Höhlen, die nervenstarke Leute gern betauchen. Aber man findet auch schon in der Wand ab etwa 20 Meter Tiefe Grotten im Fels, Überhänge und Brückenbögen. Vor diesem Tauchplatz von Digerhuvud liegen mehrere Wracks, die jedoch nicht leicht zu finden sind. Man hat einfach nur wenig Zeit in 50 Meter Tiefe, und die sehr quaderförmigen Felsstücke hier unten gaukeln leicht einmal den Anblick einer Bordwand vor, und dann war es wieder nichts …
Ein Wrack können Sie jedoch mit Sicherheit finden: Etwa 150 Meter nördlich des beschriebenen Parkplatzes schauen Sie sich die vordersten, unmittelbar an der Grenze zum freien Wasser befindlichen Felsformationen genau an. Sie werden neben vielen anderen Steinfiguren einen gewaltigen Stein entdecken, der im Profil vom Ufer aus gesehen wie der (etwa einen Meter hohe und zwei Meter lange) Sattel eines Pferdes aussieht. Wenn Sie genau vor die-

Oben links: Digerhuvud mit vorgelagerten Felsbänken.
Oben rechts: Wrackteile in den gläsernen Tiefen vor Digerhuvud.
Unten links: Wrackteile vor Tunguhuvud in fast 50 Meter Tiefe.
Unten rechts: Das berühmte Fischerdorf Helgumannen.

ser Stelle senkrecht abtauchen, werden Sie in der Wand zunächst auf 35 Meter Tiefe einige Holzplanken und Mastreste entdecken.
In 42 Meter Tiefe eröffnet sich Ihnen ein kleines Tal mit schneeweißem Untergrund zwischen dunkleren Felsblöcken. Hier ruht in 42 bis 46 Meter Tiefe das Wrack eines hölzernen Segelschiffes. Deutlich erkennt man die verstärkte Bugkonstruktion, über einige Meter Schiffslänge stehen noch hölzerne Spanten und Planken. Im Wrackinneren liegen Ballaststeine und Reste des Riggs. Das Wrack muss sehr alt sein und die Archäologen konnten noch keine weiteren Fakten ermitteln. Das Schiff ist bei weitem nicht mehr komplett. Doch es ist ein beinahe spirituelles Erlebnis, die altertümlich geschwungene Bauform im eigentümlichen Licht dieser Tiefe auf weißem Grund zu betrachten.
Infos: Tauchbasen 19 und 20.

70. Tunguhuvud – In der wilden Klamm

Ein großer Teil des Naturparkes Digerhuvud ist von einem Wildzaun umgeben. Die Einfahrten sind offen und mit Gittern belegt, die das Wild vermutlich nicht betritt. Das soll das Wild ebenso wie die frei laufenden Gotlandschafe im Hauptteil des Naturparkes halten.

Sie fahren vom zuvor beschriebenen Tauchplatz weiter Richtung Nordwest am Meer entlang. Bald sehen Sie seeseitig von der Straße eine in Richtung Meer verlaufende Natursteinmauer. Danach folgt der Wildzaun, und Sie haben den Hauptteil von Digerhuvud schon wieder verlassen. Unmittelbar darauf erreichen Sie einen weiteren Parkplatz mit einer erklärenden Tafel zu den Felsformationen. Wenn auf dieser Tafel als Ortsname Tunguhuvud steht, sind Sie am richtigen Platz angekommen.

Auch hier führt der Weg zum Wasser über Geröllpfade, flache Steintafeln und wassergefüllte Steinbecken weit vor der Küstenlinie. Links unterhalb des Parkplatzes sehen Sie eine kleine felsige Bucht, die sich gut als Einstieg eignet. Von hier aus empfiehlt es sich, zunächst nach links an einer senkrechten Wand abzutauchen. Schon bald finden Sie in Tiefen bis zu 30 Meter einige schmale Gänge im Fels. Formationen, an denen Bergsteiger die so genannte Kaminkletterei üben könnten. Felsdurchlässe von beinahe nur Schulterbreite, die in vielen Regionen auch als Klamm bezeichnet werden. Diese schmalen Felstäler haben dem Tauchplatz auch den schwedischen Namen Skrevan eingebracht, der etwas Ähnliches wie Klamm bedeutet.

Nachdem Sie dieses interessante Gebiet gesehen haben, könnten Sie abtauchen bis auf 40 Meter und auf Gegenkurs gehen. Das heißt, die gut sichtbare Steilwand liegt nun rechts von Ihnen. Hier schweben Sie über einer Geröllhalde aus sehr kleinen Steinen, ja beinahe Grobkies. Beim Schwimmen in dieser Tiefe sollte nun die Aufmerksamkeit und auch der Lichtkegel mitgeführter Lampen auf die noch tiefere Region links neben Ihnen gerichtet sein.

Nach wenigen Minuten Tauchzeit wird unter Ihnen der magische Umriss eines großen Segelschiffswracks erscheinen. Dieses Wrack beginnt in 45 Meter Tiefe und ist auch in 50 Meter Tiefe noch lange nicht zu Ende. Je nach Taucherfahrung und Luftverbrauch entscheiden Sie, dieses Wrack von oben zu betrachten oder doch bis direkt ans Wrack abzutauchen. Das unglaublich klare Wasser vor Tunguhuvud ermöglicht es leicht, dieses Wrack auch auf Distanz zu genießen, und damit einen aufregenden Blick in die Vergangenheit zu werfen.

Man vermutet in diesem Segelschiffswrack den Ewer FRU EVA, der am 10. Juli 1714 sank. Falls dieses Datum zutreffend ist, hat die vor Gotland salzarme Ostsee dieses Schiff wunderbar konserviert. Der Ewer kam seinerzeit schwer beladen von den Kalksteinbrüchen bei Kappelshamn und sollte Steinplatten nach Stockholm befördern. Eine unfreundliche Ostsee warf das Schiff jedoch in die Klippen vor Tunguhuvud.

Schräg vom Ewer-Wrack weg liegt ein Mast, der noch weiter in die Tiefe weist. Sehr erfahrene Taucher, die über fundierte Tech-Dive-Kenntnisse und die entsprechende Ausrüstung verfügen, können an diesem Mast vom Ewer-Wrack weg Kurs nehmen: Sie werden dann in 56 Meter Tiefe ein noch besser erhaltenes Holzwrack mit Ruder- und Segeleinrichtung sowie eisernen Kanonen finden. Dieses Wrack liegt etwa 80 Meter vom Ewer weg.
Trotz des sehr klaren Wassers sind Digerhuvud und Tunguhuvud Plätze für erfahrene Taucher. Überall ist es sehr tief, und man gerät leicht in Dekompressionszeiten. Dazu kommt, dass nach jedem Tauchgang ein relativ anstrengender Aufstieg zurück zu den Fahrzeugen auf dem Hochufer ansteht. Hier sollte man nicht allein Pausen einplanen und die Tauchausrüstung sehr langsam wieder nach oben bringen. Es ist am sichersten, diese speziellen Verhältnisse schon beim Tauchen selbst mit zu berücksichtigen und verlängerte Sicherheitsstops beziehungsweise Dekostops vorzusehen. Verwenden Sie mindestens 15-Liter-Flaschen oder die 300-Bar-Technik der einheimischen Tauchbasen.
Nach einem Tauchgang bei Tunguhuvud ist es sehr empfehlenswert, dem Fahrweg in nordwestlicher Richtung immer am Meer entlang zu folgen. Sie erreichen bald die berühmte Fischerstelle Helgumannen, wo original erhaltene Häuschen stehen und die traditionellen Holzboote am Strand liegen. Vor diesem Dörfchen, das beinahe den Charme einer verlassenen Goldgräbersiedlung hat, wurde einst mit Wurfnetzen auf Hering gefischt und Dorsch harpuniert. Noch weiter nordwestlich bei Langhammars fühlt man sich schon beinahe wie am Ende der Welt. Und dieses Ende wurde von der Natur prächtig geschmückt: mit den seltsamsten Raukars von ganz Gotland. *Infos: Tauchbasen 19 und 20.*

71. Kyllaj – Von Steinbruchseen und Ostseetauchen

Man fährt von Visby auf der 148 bis Othem oder Lärbro, dann auf kleinen Landstraßen über Hellvi nach Kyllaj. Diesen Ort durchqueren Sie parallel zur Küste in Richtung Süden. Bereits in Kyllaj werden Sie stillgelegte historische Kalkbrennöfen bemerken. Sie folgen staubigen Fahrwegen nach Süden und fahren bis zum Windmühlenpark Smöjen (Mühlen zur Stromerzeugung).
Nun erreichen Sie eine Landschaft mit zahlreichen Wasserbecken, Dämmen und Fahrwegen. Eine alte Bergbaulandschaft mit eigenem Hafen zum Verladen gebrochener Kalksteine. Ein so bizarrer Ort, dass gelegentlich Stockholmer Modefotografen mit ihren Models herkommen, um aufregende Fotos in nicht alltäglicher Umgebung zu schießen.
In der Nähe des kleinen Bootshafens haben Sie Zugang zum Meerestauchplatz von Smöjen. Draußen in der Ostsee finden Sie eine dramatische Steilwand mit Überhängen, die aber hier bereits in 8–12 Meter Tiefe endet. Diese Stelle bezeichnen die schwedischen Taucher gern als »Klein Digerhuvud«,

Links: Der Steinbruchsee bei Kyllaj mit dem gefluteten Haus.
Rechts: Tauchen im lichtblauen Steinbruchkessel.

weil die Region unter Wasser zunächst genau so dramatisch wie vor Farö aussieht, es aber dann nicht so tief wird. Der an dieses kleine Drop-off anschließende Sandboden ist reich an Plattfischen.

Bei auflandigem Wind entsteht hier eine gefährliche Brandung. Aber auch dann war der Weg nicht umsonst, denn Sie können leicht in zwei verschiedenen Steinbruchseen des Hinterlandes tauchen. Einer dieser Seen zieht sogleich alle Blicke auf sich: An der westlichen Steilwand des Gewässers wurde ein turmartiges Gebäude an den Naturstein angebaut, das heute im Wasser steht. Und tatsächlich, in diesem See lassen sich Kellergeschoss und die untere Etage dieses Gebäudes betauchen. Einst mögen darin Pumpen, Förderanlagen und vielleicht Steinbrecher untergebracht gewesen sein. Gleich neben dem wuchtigen Turm sind weitere Räume und ein stabiler Schauer betauchbar.

Dieses Tauchabenteuer ist relativ gefahrlos, denn im Gebäude ist viel Platz, man kann darin auftauchen und befindet sich auch nur vier Meter tief unter Wasser. In schattigen Winkeln des Baues beobachtet man Barschschwärme. Noch immer sind stählerne Vorrichtungen und Maschinenfundamente zu sehen. Ein zauberhafter Tauchgang, wenn die Sonne in Türen und Fensteröffnungen des Hauses scheint und variable Lichtstimmungen hervorruft.

Der Steinbruchsee selbst ist mit 3–4 Meter Tiefe weniger spannend als das Gebäude. Immerhin ist der alte Felskessel flächendeckend mit der kalkliebenden Filzigen Armleuchteralge bewachsen.

Nördlich neben diesem See mit dem gefluteten Haus können Sie bergan fahren und geraten in ein riesiges Steinabbaufeld, in dessen hinterstem Drittel ein hellblauer See blinkt. Das Gewässer ist nicht zu verfehlen, denn es liegt inmitten der schneeweißen Elektrowindmühlen von Smöjen. Der zunächst sehr groß wirkende Steinbruchsee besitzt weite Flächen, über denen nur drei Meter Wasser stehen und wo der Grund aus monotonem Kalkschlamm besteht.

Am besten taucht man vom Einstieg aus gesehen links herum, dann wird relativ schnell ein 7–9 Meter tiefes Becken erreicht, das mit bizarr zerfressenen, aber senkrechten Wänden und sehr klarem Wasser hervorragend als Fotopool geeignet ist. Um 10 bis 20 Meter Sicht sind die Regel. Hart links neben dem Einstieg befindet sich eine Munitionshalde, die man meiden sollte. In diesem Steinbruchsee existieren neben den sehenswerten Steilwänden noch sehr filigrane, an Nährstoffarmut angepasste Armleuchteralgen, große Flusskrebse und Barsche. Die schwedischen Flusskrebse zählen zur gleichen Art wie die in Deutschland selten gewordenen Edelkrebse. Die Inlandseen sind eine feine Abwechslung nach einigen Tagen Osteetauchen. Und entsalzen das Equipment …

Einmal in dieser Gegend, ist ein Spaziergang über die zauberhaft bewaldete Halbinsel St. Olofsholm zu empfehlen, ein Einkaufsbummel durch Slite oder der Ausflug zu einem wahrhaft magischen Platz: Südlich von Slite finden Sie an der 146 den Hinweis »Thjelvars Grab«. In dieser eindrucksvollen Schiffssetzung soll Gotlands Entdecker und Erstbesiedler begraben liegen. Der Mann, der das Feuer auf Gotland brachte. Ganz in der Nähe liegen noch zwei interessante Fluchtburgen aus der Eisenzeit. *Infos: Tauchbasis 19.*

72. Die Wracks vor Kyllaj und Smöjen

Südlich von Smöjen liegt eine flache Insel nur wenige 100 Meter von der Küste entfernt. Am Nordufer dieses Inselchens sank einst ein Minenleger auf ebenen Kiel. Das Wrack ist relativ gut erhalten, etwa 35 Meter lang und liegt in 10–13 Meter Grundtiefe.

Wenn man das Schiff umrundet, findet man Bug, Heck und fast alle Bordwände gut erhalten. Unterm Heck ist noch ein Teil des Ruders zu sehen, während die Schraube völlig eingesandet ist. Lediglich mittschiffs scheint so etwas wie eine drei Meter breite Gasse von Bordwand zu Bordwand ins Schiff gesprengt worden zu sein. Deshalb ist der Minenleger zwar gesunken, aber nicht zerbrochen. Niemand weiß Genaueres, aber es sieht beinahe so aus, als ob eine zum Verlegen scharf gemachte Mine an Deck explodiert ist …

An der mittschiffs aufgesprengten Stelle kann man relativ leicht in das Schiff hineintauchen und sich in einigen kleinen Räumen umsehen. Oben an Deck sind Reste des Schornsteines, Poller und die leeren Davits der Rettungsboote zu sehen. Insgesamt ein einfacher und erholsamer Tauchgang an einem gut erhaltenen Stahlwrack.

Direkt östlich vom Windmühlenpark Smöjen, aber weiter draußen in der Ostsee ruht das Wrack der EASTQUEEN. Der Frachter ist im Jahre 1940 gesunken. Hier draußen gibt es eine Art unterseeischen Tafelberg, dessen Hochebene nur 6 Meter tief liegt und der etwa 100 Meter Durchmesser hat. Ringsum ist die Ostsee über 20 Meter tief. Direkt neben dieser markanten Steinformation liegt das abgebrochene Vorschiff des Frachters EASTQUEEN, der fehlende Rest des

Historisches Foto des vor Kyllaj gesunkenen Minenlegers beim Beladen.

Wracks konnte nie gefunden werden. Drohend ragt ein gewaltiger Steven im grünen Ostseewasser auf. Ein zur Seite gebrochener Mast unterstreicht das dramatische Bild dieses zerbrochenen Schiffes. Das Wrack liegt von 10 nach 21 Meter Tiefe.
Beide Wracks sind nicht betonnt und können nur mit Hilfe der regionalen Tauchbasen gefunden werden. *Infos: Tauchbasis 20.*

73. Gothemshammar – Im Reich der Fossilien
Von Visby fahren Sie über Ekeby direkt nach Süden bis Gothemshammar. Die Landzunge wird über die Schotterstraße von Aminne nach Botvaldevik erreicht. Der Strand dieses Tauchgebietes besteht aus eigenartigen Geröllwällen, die blaugrauen Mergel, tonhaltigen Kalkstein und weitere Minerale enthalten. Gothemshammar gilt über wie unter Wasser als ein vielversprechender Fossilienfundort. Leicht sind Versteinerungen von Muschelkrebsen, Moostierchen, Armfüßern, Schnecken und Trilobiten zu finden. Aber auch solche von beeindruckenden Kalkalgen. Häufig sind die versteinerten Organismen reliefartig aus Kalksteinflächen herausgewittert.
Der Tauchplatz Gothemshammar weist unter dem Spiegel der Ostsee eine gewaltige Felstreppe auf. Vom Flachwasser bis hinunter in 10 Meter Tiefe ziehen sich ziemlich exakt einen Meter hohe Stufen aus Kalkstein bis zum Grund. Und überall sind Funde zu machen, an die die Strandwanderer nicht so ohne weiteres herankommen.
Abseits von dieser Stufenformation erreichen Sie einen sandigen Meeresboden mit kleinen Findlingen. Im Wesentlichen ein Revier, in dem man Grundeln, Plattfische und Aalmuttern beobachten kann. *Infos: Tauchbasis 19.*

Reste der Aufbauten der PRINCESS stehen noch.

Abenteuerliches Tauchen am PRINCESS-Wrack.

74. Outside Östergarnsholm – Das PRINCESS-Wrack

Nordöstlich der Insel Östergarnsholm liegt ein Felsriff, über dem nur noch vier Meter Wasser stehen. Ringsum ist die Ostsee viel tiefer. Gewöhnlich ankert das Tauchschiff über diesem flachen Grund, um nicht zu viel Kette stecken zu müssen. Wir tauchen über den reichlich mit Blasentang und Rotalgen bewachsenen Grund und erreichen eine schroffe Abbruchkante.

Am Drop-off sinken wir bis in 21 Meter Tiefe ab. Nahe der Geröllhalde am Fuße der Steilwand sehen wir erste Wrackteile, Bleche und Planken. Und schon wird der geborstene Schiffskörper sichtbar. An einigen Stellen dieses Wrackliegeplatzes ist der frühere Schiffsrumpf durch aufragende Spanten gut umrissen, und man vermag das Schiff zu verstehen. Im zentralen Teil des Wracks herrscht jedoch ein unbeschreibliches Chaos der Trümmer, das nicht allein von den zusammengebrochenen Aufbauten herrühren kann. Vielleicht gibt uns die Geschichte Aufschluss? Die in Altschwedisch verfassten Wrackprotokolle berichten einiges:

Vor uns liegt am Meeresgrund das Wrack des englischen Dampfers PRINCESS mit Heimathafen Hull. Dieses Schiff hatte sowohl eine Dampfmaschine als auch zwei Masten zum Segeln. Captain James Webb führte das Schiff. Der Dampfer war von St. Petersburg nach London unterwegs und trug 15.000 Fässer Hafer in seinen Laderäumen. Schon ab St. Petersburg herrschte gutes Wetter und das Schiff kam gut voran.

Am 21. Juli 1888 bläst gegen Nachmittag nur ein leichter Wind aus Südwest. Am Dagerorts Fyr befiehlt der Kapitän einen neuen Kurs. Laut Logbucheintrag von 17.40 Uhr naht jedoch bald das Unheil: Dichter Nebel zieht auf. Bereits gegen 18.40 Uhr stößt das Schiff steuerbord irgendwo an. Es ist zunächst nur eine leichte Kollision, und niemand kann im Nebel etwas erkennen. Der Steuermann bringt das Ruder in Hartlage, um dem Steuerbordhindernis zu entkommen. Die Maschine wird gestoppt. Doch mit der restlichen Fahrt im Schiff strandet die PRINCESS heftig.

Der Kapitän versucht, das allein mit dem Bug aufliegende Schiff mit »Maschine volle Kraft zurück« vom Riff zu ziehen. Aber die PRINCESS sitzt fest. Nunmehr wird ein kleines Boot ausgesetzt, um einen Anker vorauszufahren und das Schiff per Anker, Trosse und Spill freizubekommen. Der erste Versuch scheitert. Der Anker fasst auf Felsboden mit losem Gestein einfach nicht. Die Matrosen holen den Anker wieder auf und versetzen ihn weiter weg vom Schiff. Aber der Anker greift nie. Nunmehr beginnt die Crew umzuladen. Man will das Vorschiff erleichtern. Dann geht wieder die Maschine mit voller Kraft rückwärts. Aber nichts gelingt.

Am nächsten Vormittag wird ein Boot an Land geschickt, um nach Hilfe zu telegrafieren. Zunächst ist kein Bergungsschiff aufzutreiben. Bald beginnt die Crew das Schiff per »Ladung über Bord« zu erleichtern. Dann erscheint ein Agent der »Neptun-Bergungs-Company« an Bord. Dieser kann zunächst

Links oben: Tauchgang am SALTSKÄR-Wrack.

Rechts oben: Schraube des SALTSKÄR-Wracks.

Rechts unten: Am Meeresgrund liegen große Schleppnetze.

weder Schlepper noch Bergungsschiff versprechen, organisiert aber mehr Helfer, um das Entladen der PRINCESS zu beschleunigen. Immer wieder werden die Lenzpumpen geprüft. Aber noch ist kein Wasser im Schiff.
Gegen Mittag kommt der ersehnte Schlepper HERMES längsseits. Während die zwei Kapitäne über die Bergungsbedingungen, sprich das Geld verhandeln, nimmt der Wellengang zu und die beiden Schiffe schlagen aneinander. Um 14.00 Uhr übergibt die Crew der HERMES eine Schlepptrosse zur PRINCESS. Der Schlepper zieht mit aller Kraft. Die PRINCESS bewegt sich, kommt aber nicht frei. Um den Trimm des Schiffes kurzfristig zu ändern, werden auf der PRINCESS achterliche Räume kontrolliert geflutet. Dann müssen die Schleppversuche gestoppt werden, um noch mehr Ladung aus dem Vorschiff zu nehmen.
Urplötzlich schlägt die PRINCESS hart auf und der Maschinenraum füllt sich mit Wasser. Um 19.00 abends geht die Besatzung fast komplett vom Schiff; nur Kapitän, Steuermann und vier einheimische Fischer bleiben als Notbesatzung. Um 23.00 Uhr muss der Kapitän fluchtartig das Backdeck verlassen, weil es unter ihm zu reißen und zu zerbröckeln beginnt.
Nun wird die Lage kritisch, keiner will mehr an Bord bleiben. Die sechs Mann rudern mit einem Beiboot nach Östergarn. Mehr Wind kommt auf. Über Nacht

entwickelt sich ein Nordweststurm. Hohe Wellen schlagen ins Schiff. Am Morgen des 25. Juli 1888 bricht die PRINCESS in der Mitte auseinander. Der achterliche Schiffsteil geht sofort unter, das Vorschiff bleibt auf den Felsen liegen.
Sobald sich der Wind legt, kommen Kapitän Webb und sein Steuermann zum Schiff zurück. Im Vorschiff ruhen noch immer 1.000 Fässer Hafer. Erneut kommt HERMES längsseits und bringt diesen Ladungsteil nach Slite. Während die Crew über Stockholm nach England abreist, bleibt der Kapitän noch vor Ort. Bis zum 4. August 1888 sind auch das Vorschiff und alle restlichen Teile versunken.
Und dies ist des Rätsels Lösung: Das Vorschiff der PRINCESS fiel beinahe exakt auf das Achterschiff. So entstand ein riesiger Trümmerhaufen am Meeresgrund, in dem kaum noch eine Andeutung der Dampfmaschine zu erahnen ist.
Auf der Havarie-Auktion zu Slite am 6. August 1888 werden 1.000 Fässer Hafer, einige Takelageteile sowie loses Inventar der PRINCESS versteigert. Alles ist cash zu bezahlen. Das Wrack der PRINCESS ist heute technisches Denkmal. Es wurde 1965 wiederentdeckt. *Infos: Tauchbasis 19.*

75. Inside Östergarnsholm – Das SALTSKÄR-Wrack

Etwa auf halbem Wege zwischen dem Hafen von Herrvik und der Insel Östergarnsholm liegt eine Position, die alle einheimischen Fischer kennen: Dort ging im Jahre 1991 die SALTSKÄR unter.
Dieses über 30 Meter lange stählerne Fischereifahrzeug befand sich auf der Heimreise und war mit reichem Fang überladen. Als ob das Meer die gierige Ausbeutung der Fanggründe bestrafen wollte, geriet das Schiff kurz vor dem rettenden Hafen in einen Sturm. Vermutlich gab es auf dem flachen Wasser zwischen der Hauptinsel und Östergarnsholm besonders hohe und harte Wellen. Vielleicht hat die Kraft der Wellen das Schiff einfach leckgeschlagen. Oder die Ladung ging auf eine Seite über bis zum Kentern? Niemand weiß das.
Die SALTSKÄR sank auf 12 Meter tiefen Grund. Die Wellen müssen bis weit in die Tiefe durchgeschlagen haben. Denn das Schiff zerbrach in drei große Teile, und die ehemals verzurrte Decksausrüstung liegt weit um das Wrack verstreut.
Wenn man zur SALTSKÄR hinabtaucht, ist eine gewisse Zeit der Orientierung notwendig, ehe man erkennt: Das Heck und Achterschiff liegen nahezu kieloben, die Schiffsschraube ragt anklagend ins grüne Ostseewasser. Die achterlichen Aufbauten sind unter dem Schiff zerdrückt worden. Der Mittelteil der SALTSKÄR wurde beidseitig abgerissen und liegt annähernd aufrecht auf dem Meeresgrund. Wir können einen ungefähr garagengroßen Laderaum betauchen. Nach einem kleinen Trümmerfeld folgt das Vorschiff, das auf der

Steuerbordseite liegt. Dort ist die Bordwand einer Seite bis zum Steven aufgerissen.
Am SALTSKÄR-Wrack werden regelmäßig große Dorsche angetroffen, aber auch Schwimmgrundelschwärme und die Jungfische verschiedenster Ostseearten. Rund um das Fischereischiff liegen Trossen, Winschen, Kisten sowie zwei Trommeln mit aufgewickelten Schleppnetzflügeln verstreut. Ein wahrhaft dramatischer Untergangsort, der die ganze Geschichte eines Sturmes zwischen Gotlands ältestem Leuchtturm auf Östergarnsholm und der Hauptinsel erzählt.
Die Tauchbasen organisieren gern Wracktauchfahrten rund um das geschichtsträchtige Östergarnsholm. Diese Fahrten starten im Hafen von Herrvik, und man benutzt umgebaute Fischereischiffe, die heute dem Ausflugsverkehr dienen. Rechts vom Hafen ist ein markantes Felskap als »Herrvik Kuppen« ausgeschildert. Dort existiert eine sehr hübsch bewachsene Steilwand, die zu festem, ebenem, sandigem Grund führt. Hier veranstalten die Gotländer gern Ausbildungs- oder Nachttauchgänge. *Infos: Tauchbasis 19.*

76. CASTLEWOOD – Der englische Dampfer

Der englische Dampfer CASTLEWOOD gilt als eines der schönsten Wracks rund um Gotland. Das Wrack ist nur im Rahmen einer organisierten Schiffsausfahrt mit Hilfe der Tauchbasen erreichbar. Meist startet diese aufregende Unternehmung im Hafen von Närshamn an der Südostküste von Gotland. Weil keine Tauchbasis in allen Regionen rund um das 176 km lange Gotland Boote für Tagesausflüge bereitliegen haben kann, werden ganz live Fischkutter gechartert, und es geht hinaus auf See.
So finden wir uns an Bord eines normalerweise in der Fischerei aktiven Kutters wieder, der an Deck die komplette Fischereiausrüstung führt und außenbords am Heck riesige Scherbretter hängen hat. Das ist ein Erlebnis für sich und erinnert im Anblick ein wenig an den Erfolgsfilm »Der Sturm«. Am bilderbuchmäßig hübschen Leuchtturm Närshamn Fyr vorbei tuckern wir hinaus auf die Ostsee und werden bis zur Wrackposition etwa 45 Minuten brauchen.
Der englische Dampfer CASTLEWOOD wurde 1878 bei Leslie in Newcastle erbaut. Das Schiff war 85 Meter lang, 11 Meter breit und hatte 1.896 Bruttoregistertonnen. Den Antrieb des Frachtschiffes besorgte eine Zwei-Zylinder-Expansions-Dampfmaschine von Black, Hawthorne & Co. Der Dampfer war Eigentum der Reederei Chapman & Miller. Als Kapitän fuhr Henry Miller.
Das gerade einmal ein Jahr junge Schiff ist im Spätherbst mit 22.000 Fässern Roggen und 4.000 Fässern Leinsamen in den Laderäumen von Kronstadt nach Rotterdam unterwegs. Am 15. November gerät der Dampfer bei Gotland in einen Nordostschneesturm. Durch dieses unsichtige Wetter erleidet das Schiff am Inselchen Lauholmar eine heftige Grundberührung. Und strandet dann.

Links: Mit einem Fischkutter geht's hinaus zum CASTLEWOOD-*Wrack.*
Rechts: Einer der schönsten Punkte am CASTLEWOOD-*Wrack.*

Die komplette Besatzung kann sich mit den beiden Rettungsbooten auf die Insel Lauholmar retten. Einen Tag später wird das stark beschädigte Schiff von den Naturgewalten wieder vom Felsen gerissen und weggetrieben. Reichlich vier Seemeilen südöstlich von Närsholm Fyr geht die CASTLEWOOD endgültig unter und sinkt auf 27 Meter tiefen Grund.
Die Besatzung erreicht zwei Tage später das Festland – die Hauptinsel Gotland. Am 15. Dezember ist in Ronehamn Auktion, auf der unter anderem das letzte von der CASTLEWOOD versteigert wird: die beiden Rettungsboote.
Ein Tauchgang am Wrack der CASTLEWOOD ist sehr interessant: Das Schiff muss in der so genannten Komposit-Bauweise hergestellt worden sein, denn es gibt sowohl hölzerne Spanten und Decksbalken als auch Metallbordwände und Lukensülle. Der exakte Umriss des Wracks ist anhand der aufragenden Spanten gut abzuschätzen. Deck und Aufbauten sind eingefallen beziehungsweise bis auf den Schiffsboden durchgesackt. Auffallend hoch erheben sich einige Details aus dem Schiffsbauch:
Achtern ist eine große Winsch zu sehen. Davor steht klotzig die etwa sechs bis sieben Meter hohe Dampfmaschine. Außerdem gibt es eine Art drei Meter hohes Holztürmchen, in dem – vielleicht – die Schiffsglocke gehangen haben könnte. Dann folgt quer zur Schiffsachse ein betauchbarer Gang, ehe nebeneinander stehend die beiden Kessel mit den immer noch direkt darauf sitzenden Schornsteinen sichtbar werden. Die Kessel stehen ein wenig schief, ein Schornstein hat sich an den anderen angelehnt. Vor den Kesseln befindet sich eine große stählerne Kiste, vielleicht der Kohlenbunker für die Kessel?
Bald entdecken wir mittschiffs Richtung Bug das immer noch aufrecht stehende, sehr groß ausgefallene Steuerrad. An Steuerbord neben einem der Kessel ist noch die untere, einst im Maschinenraum befindliche Anzeige des Maschinentelegrafen zu sehen. An Backbord gibt es eines der Lampenhäuser für die

Positionsbefeuerung zu bewundern. Der Bug des Wracks ist halb aufgerissen und liegt auf der Seite, obwohl ja der Hauptteil des Schiffes mit der Maschine auf ebenem Kiel steht. Im bizarr verformten Bug des Schiffes haben sich zahlreiche Fischernetze verfangen, die von ihren Schwimmern in seltsame Figuren gezwungen werden. Im Heck der CASTLEWOOD ist noch einiges vom Gebrauchsporzellan der Crew zu finden.
Neben den schiffbaulichen Details eines Dampfers aus dem 19. Jahrhundert gibt es noch mehr zu beobachten: Seien es die Ohrenquallen, die als gläserne Schirme zwischen den Schornsteinen des Wracks dahinfliegen, oder die riesigen Dorsche, die im Wrack leben. Häufig entdecken wir die Dorsche des Wracks erst im letzten Moment, wenn sie ihre Schlupfwinkel im Wrack verlassen oder noch weiter zwischen die Trümmer zurückweichen. Abenteuer CASTLEWOOD – ein ganz besonderes Wrack bei Gotland! *Infos: Tauchbasen 19, 20 und 21.*

77. Lojsta slott – Gotlands wunderbare Waldseen
Ab Visby fährt man auf der Straße 142 in Richtung Hemse, ehe kurz nach dem Ort Etelhem das Hinweisschild »Lojsta slott« zu sehen ist. Obwohl der Begriff so sehr nach Schloss klingt, ist leider kein schlossartiger Bau mehr da. Nur ein Hügel zwischen drei Seen erinnert noch an die einstige Burg an diesem Platz. Aber der Name blieb …
Auf dieser kleinen Erhebung inmitten der Seen befand sich einst die Gullburg der Vitalienbrüder. Das Bauwerk wurde schon 1398 nach der Einnahme Gotlands durch den Deutschen Ritterorden zerstört.
Aber die wunderschöne Landschaft im Umfeld der Lojsta Seen hat schon weit früher Menschen bewegt, sich hier anzusiedeln. Nachdem man bei Lojsta slott neben den mittelalterlichen Funden auch die Fundamente eines eisenzeitlichen Hallenhauses entdeckte, wurde dieses rekonstruiert und neu aufgebaut. Und dieses große Haus ist heute neben den Seen selbst das Wahrzeichen von Lojsta slott.
Direkt neben der weiten Wiese mit dem Eisenzeithaus kann man parken und die umliegenden Seen in Augenschein nehmen. Die Waldseen sind von erstaunlicher Transparenz. Vom Hochufer aus ist gut jene Kante der Flachwasserzone zu sehen, ab der das Wasser deutlich tiefer wird. Zum Tauchen werden die von Lojsta slott aus erreichbaren Seen Brotträsk und Rammträsk empfohlen. Auch der Fridträsk würde sich lohnen, aber dieser See ist als »Naturreservat« gesperrt. Der wahre Grund der Sperrung ist leider dort verklappte Munition …
Die genannten drei Seen sind eine Besonderheit auf Gotland! Die meisten der auf natürliche Weise entstandenen Seen auf der Insel sind nur schüsselförmige Vertiefungen im überall anstehenden Felsboden. Und sie sind deshalb nie tiefer als zwei bis drei Meter. Allein diese drei Seen nördlich der Lojsta Kir-

Bei Lojsta Slott existiert eine Kette von wunderbaren Waldseen.

che sind mehr als 10 Meter tief. Der Rammträsk bringt es unterhalb der Steilwand auf immerhin 16 Meter.

Die Lojsta Seen entstanden einst durch schürfende und ausgrabende Gletschertätigkeit. Die Nordufer der Seen, die etwa in Richtung des Eisenzeithauses weisen, haben flache Uferbänke. Entlang der Südufer verläuft hingegen eine Kette steiler Hügel aus hellem Riffkalk. Diese fallen als weiße Felsen direkt bis ans Wasser ab. Eine bezaubernde Landschaft.

Beim Parkplatz Lojsta slott existiert ein Schwimmsteg, über den man auf sehr naturschonende Weise zu Wasser kommt. Für eine Tauchexkursion wird vorgeschlagen, entlang der Pflanzenfelder durch den Brotträsk zu tauchen, durch den kleinen Kanal am Westende des Sees hinüber in den Rammträsk zu schnorcheln, dort den Unterwasserteil der Riffkalkwand zu erkunden und auf gleichem Wege zum Schwimmsteg zurückzukehren. Das ergibt einen Tauchgang von etwa 60–90 Minuten auf überwiegend 3–6, maximal 16 Meter Tiefe. Und es gibt viel zu beobachten:

In beiden Seen leben im Litoral zahlreiche Krebse. Schwedische Flusskrebse, die bei uns Edelkrebse heißen würden. Die gepanzerten Gesellen versuchen, sich zwischen Althölzern und kleinwüchsigen Characeen zu verstecken, aber es gelingt ihnen nicht so perfekt. Im See leben große Teichmuscheln und viele Spitzschlammschnecken. Wir beobachten Schwärme von Barschen, Plötzen, Rotfedern und immer wieder einmal eine gewaltige Schleie.

Der Zone von Schilf und Binsen am Seeufer sind Teichrosenfelder vorgelagert. Die bizarr gewundenen Stängel dieser Pflanzen sind ein bevorzugter Aufenthaltsort der Fische. Ins Wasser gebrochene Bäume, umstanden von cal-

citkristallgeschmückten Characeen und Seerosenblättern, geben einen bezaubernden Anblick ab. Der kalkreiche Seeboden lässt Hölzer, versunkene Flaschen und eigentlich nahezu alle verharrenden Gegenstände am Grund durch dicke kalkfarbene Algenbeläge eigentümlich verkrusten. Beinahe, als ob alle Unterwasserfunde durch eine erhabene antike Patina geadelt würden.
Unterwegs zum Kanal zwischen beiden Seen tun sich unter uns Tauchern metertiefe geheimnisvolle Gruben im Seegrund auf. Diese Gruben liegen nahe der Schilfkante und sind vermutlich so entstanden: Von Zeit zu Zeit reißen Teile der dicken Seekreidebank am Grund ab und rutschen am steilwandigen Seeboden entlang – wie eine Schlammlawine – in die Tiefe ab. Dadurch werden Schilfwurzelmatten teilweise freigelegt und ragen dann wie Überhänge ins Freiwasser.
Im Kanal zwischen beiden Seen beobachten wir besonders prächtige Bestände des Fleisch fressenden Wasserschlauches. Deutlich sind die kugelrunden grünen Winterknospen oder Turionen und die im Spätsommer violett gefärbten Fangblasen zu erkennen.
Auch im Rammträsk liegen sehr schöne Seerosenfelder und Althölzer. Am Südufer fällt die markante Riffkalkwand steil in die Tiefe ab, manchmal senkrecht, an anderen Stellen mit vorgelagerten großen Felsbrocken. Hier bekommt der See gleich einen ganz anderen Charakter als vor den pflanzenreichen Kalkmuddbänken des Nordufers. Die Lojsta Seen sind als die einzigen tiefen Naturseen Gotlands ein ganz besonderes Erlebnis. Die Seen sind frei zugänglich wie nahezu alles in Schweden. Bitte tauchen Sie vorsichtig ab der erwähnten Landebrücke. *Infos: Tauchbasis 19.*

78. Ygne bei Visby

Wenn Sie Visby auf der 140 verlassen, werden Sie nach wenigen Kilometern den Hinweis »Högklint« entdecken. Ein Tipp, dem man nachgehen sollte, vor oder nach dem Tauchen. Der Högklint präsentiert sich als weißes Felskap, das eine weite Aussicht über die Ostsee bietet. Von hier oben können Sie sogar ins flache Wasser der Ostsee hineinsehen und sich ein Bild von den Algenfeldern und küstennahen Gesteinsformationen machen.
Aber nicht allein das! Vom Högklint aus können Sie die weiße Kalksteinküste viele Kilometer weit überblicken, auf eine farbenprächtige Holzhaussiedlung hinunterschauen und in der Ferne ist sogar Visby auszumachen. Falls Sie dem Högklint mehr Zeit widmen wollen: Am Fuße des Felskaps gibt es ganz bezaubernde Pfade und Höhlen.
Vom Högklint auf die 140 zurückgekehrt, fahren Sie weiter in Richtung Süden und biegen nach Ygne ab. Die Straße führt dann durch ein kleines Wäldchen zu einer Parkfläche oberhalb des Hochufers. Sie können hier bis zu einer meist geschlossenen Schranke vorfahren, aber das Dörfchen Ygne südlich unterhalb sollte vom Autoverkehr verschont bleiben.

Hier oben können wir uns leicht zum Tauchen ausrüsten und dann nach Ygne hinunterspazieren. Als Einstieg bietet sich eine breite Slipanlage für Boote an, die aus großen flachen Natursteinen mit nur wenig Beton dazwischen erbaut wurde. Beim Hinausschwimmen in die Ostsee muss zunächst eine große flache Steinfläche überwunden werden, wo es ein bis zwei Meter tief ist. Hier sind nur ein paar von Grundeln bevölkerte Felsspalten zu sehen.
Aber danach beginnt ein abwechslungsreiches Gebiet mit großen Findlingen, eigentümlich abgeschliffenen weißen Felsen und schneeweiß bis gelblich gefärbten Grobkiesen. In den Steinfeldern vor Ygne schuf das Meer besonders viele Höhlen, schmale Gänge und kleine Felsbrücken. Man findet all diese lustigen Formationen in nur drei bis acht Meter Tiefe und hat also genug Zeit, danach zu suchen. Zum puren Tauchvergnügen und vielleicht als fotografischer Hintergrund. Außerdem leben zwischen den Felsen ein paar Flundern, aber auch Seeskorpione und Steinpicker sind zu sehen. *Infos: Tauchbasis 19.*

79. Blåhäll – Felsgänge in der Ostsee
Ab Visby fährt man auf der 140 in Richtung Tofta. Kurz vor dem Ort zweigt ein Fahrweg nach Westen in den Kiefernwald ab, der zum Fiskeläge Blåhäll – einer der traditionellen Fischersiedlungen – führt.
Die uralte Fischersiedlung ist nur über ein kompliziertes Wegenetz zu erreichen, das durch einen Übungs- und Schießplatz der schwedischen Armee führt. Für diesen Tauchplatz ist es daher empfehlenswert, sich vom Visby Dykcenter führen zu lassen, um in dem weitläufigen Gelände nicht umherzuirren. Falls die Zufahrt zu dieser Küstenregion wegen militärischem Betrieb gesperrt sein sollte, wird das eindeutig durch Schilder und Schranken angezeigt.
Auf das Meer hinaussehend, können Sie bis auf ein Hochplateau rechts neben beziehungsweise nördlich des früheren Saisonfischerdorfes fahren. Über eine schon recht verfallene Betontreppe kann man zum Strand absteigen. Auch hier ist die militärische Vergangenheit des heute freigegebenen Strandabschnittes gut erkennbar: Im Steilufer existieren noch einige aufgegebene Bunker und Artilleriestellungen.
Vor Blåhäll finden wir eine sehr schöne Flachwasserzone mit vielen Meersaiten, Säge- und Blasentang, Rottangen und Gabelzweigtang. Weiter draußen schließen sich die typischen gotländischen Kalkfelsen an, die im Bereich von vier bis acht Meter Tiefe ein verwirrendes Labyrinth bilden. Wir entdecken schmale Täler, Höhlen und Überhänge, dunkle Felswände, die aus weißem Meeresgrund herausragen. Immer wieder sind Butte und auch Aalmuttern zu sehen. Viele Gänge in den Felsen vor Blåhäll entstehen dadurch, dass nahe beieinander stehende Steinbrocken ähnlich wie die Raukar an Land einen schmalen »Hals« und eine gewichtige runde »Krone« haben. Die »Kronen«

Oben links: Nachbau eines eisenzeitlichen Hauses bei Lojsta Slott.
Oben rechts: Drohend erhebt der Schwedische Flusskrebs seine Scheren.
Unten links: Das Dorf Ygne mit dem Taucheinstieg.
Unten rechts: Überhänge und Felsgassen vor Ygne.

stoßen beinahe aneinander, zwischen den »Hälsen« können wir durchtauchen. Ab 10 Meter Tiefe schließt sich Sandboden mit nur noch kleinen Findlingen an.
Etwas südlich des Tauchplatzes kann die im alten Zustand erhaltene Fischerstelle Gnisvärd besichtigt werden, die sogar eine eigene Kapelle aufweist. Ganz in der Nähe liegt Gotlands größte Schiffssetzung. Mit fast mannshohen Steinen haben die Vorfahren den Umriss eines 47 Meter langen und 7 Meter breiten Wikingerschiffes auf einer Waldlichtung angedeutet. Ein erhabener Platz! *Infos: Tauchbasis 19.*

V. Åland

Wenn das große Fährschiff der Viking Line in den Westhafen von Mariehamn auf Åland einläuft, erwartet Sie ein Bild wie gegen Endes des 19. Jahrhunderts: Ein Windjammer liegt im Hafen, und dahinter erstreckt sich eine Stadt mit vielen kleinen Seemanns- und Kapitänshäusern. Die Menschen auf den Schären haben schon immer von der Seefahrt, Fischfang und ein wenig Landwirtschaft gelebt. Und Åland hat eine ganz besondere Seefahrtsgeschichte: Das Boot gehörte auf Åland von alters her zu den Notwendigkeiten des Lebens. Denn der Archipel besteht aus 6500 Inseln und Schären mit 1527 qkm Fläche. Die Insulaner brauchten Boote für Transporte in der Schäre und einen bescheidenen Handel mit Stockholm, Turku und Reval.
Auf Åland liegen überall Anker in Parks. Ankerketten dienen als Geländer. Taxis tragen keine Nummern, sondern Namen alter Schiffe. Positionslaternen zieren Häuser, Windjammer-Silhouetten sind an Toren angebracht. Fast jedes Restaurant, jede Bar führt Namen wie Nautical, Brittannia, Arkipelag oder Passat. In den Bars ist Leben – junge Leute reden von den Schiffen, auf denen sie arbeiten. Oder – von Schiffen, die sie bauen oder kaufen wollen. Åland bedeutet Seefahrt pur, der salzige Wind und das Meer lassen keinen los.
Eine Redensart aus dem 19. Jahrhundert besagt: Zur Notdurft des Lebens gehören zwei Dinge: ein Kaffeekessel und ein Schiffsanteil. Als um die Mitte jenes Jahrhunderts der Krimkrieg endete und Gewerbefreiheit eingeführt wurde, fingen Bauerngesellschaften an, größere Segelschiffe zu bauen oder zu kaufen. Aus Kapitalmangel hatte ein einziges Schiff bis zu 50 Besitzer.
Die einst »nur« ostseeerfahrenen Ålander segelten bald in alle europäischen Häfen, 1865 überquerte die Bark PRECIOSA als erstes Åländisches Schiff den Atlantik. Die Holzschiffe der Partenreeder waren bis in die dreißiger Jahre im Einsatz. Als in Mitteleuropa der technologische Siegeszug von Dampfern und Dieselmotorschiffen begann, kauften Gustav Erikson und andere Åländische Reeder die billig gewordenen Segelschiffe auf. Zwischen beiden Weltkriegen besaß Åland die größte Segelschiffsflotte der Welt. Diese Schiffe, darunter die weltberühmten Großsegler PAMIR, PASSAT, POMMERN und HERZOGIN CECILIE, lieferten sich aufsehenerregende Rennen auf der Getreideroute um die Erde.
Etwa 1950 ging die Ära der Großsegler zu Ende, es waren kaum noch Frachtaufträge für windabhängige Schiffe zu bekommen. Die Zeit der großen Segler, die etwa ein Menschenleben lang währte, prägte ganz besonders das seemännische Selbstbewußtsein und den Nationalstolz der Ålander. Und das mit den Schiffen haben die Ålander natürlich auch heute noch »im Griff«: Es

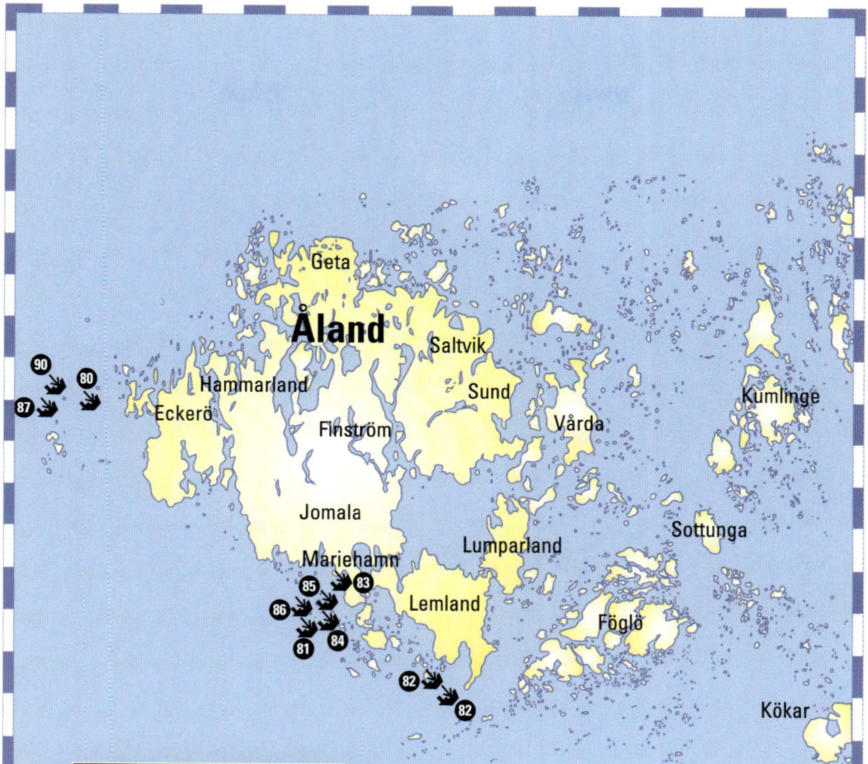

Am Kartenhaus der Eisenbark PLUS.

Links oben: Der Westhafen von Mariehamn wie zur Zeit der Segelschiffe.

Links unten: Im Seefahrtsmuseum Mariehamn.

Rechts: Die Seefestung Bomarsund stammt aus der Zeit, in der Åland zum russischen Zarenreich gehörte.

heißt, dass in Form modernster Handelsschiffe und der Fährlinien 60% aller in Finnland registrierten Schiffe in Åländischem Besitz sind. Alle Achtung vor den Fähigkeiten als Reeder und Seeleute…

Für die Aktivitäten der Seefahrer forderten sowohl die stürmische Ostsee als auch Kriege Tribut in Form untergegangener Schiffe. Und so sind die Gewässer um Åland auch ein Museum am Meeresgrund, wo der ambitionierte Sporttaucher Wracks verschiedenster Zeitalter bestaunen kann.

80. HOLLÄNDEREN – Die Geschichte vom Fliegenden Holländer

Noch bis weit ins 19. Jahrhundert hinein machte der »Fliegende Holländer« die Meere unsicher. Wer immer das rotglühend wirkende, stets unter vollen Segeln dahinjagende Schiff zuerst sah, dem widerfuhr ein Unglück, meist starb er auf See …

Das Phantomschiff geisterte nicht allein durch die Erzählungen der Seeleute, es fand sich auch in seriös geführten Logbüchern beschrieben. Die Legende vom »Fliegenden Holländer« war geboren! Eine Story, die Künstler von Wilhelm Hauff über Heinrich Heine bis Richard Wagner begeisterte! Und die Åländer glauben, dass der Fliegende Holländer vor Eckerö seine letzte Ruhe gefunden hat …

HOLLÄNDEREN nennen die Einheimischen von Eckerö im finnischen Schärenarchipel Åland jenes Holzwrack weit draußen. Sie wissen seit dem 19. Jahrhundert davon, obwohl es keiner je gesehen hat und auch die Unterlagen des Seefahrtsamtes nichts darüber aussagen. Nicht weit von einem tückischen Felsholm, der bei Sturm überspült sein mag, soll der »Fliegende Holländer« leckgeschlagen und gesunken sein.

Ein Fischkutter bringt uns hinaus ins verwirrende Schärengebiet vor Eckerö. Lange suchen und peilen die Fischer, ehe sie ankern und sagen können, dass das Wrack westlich liegen muss.

Wir tauchen ab und finden eine verwirrende Landschaft aus riesigen Holzteilen. An einigen Stellen des Grundes sind Balken und Planken von der See chaotisch wie ein Riesenmikado durcheinander geworfen worden. Haushoch türmen sich wuchtige Balken und Bohlen übereinander. Nach und nach erschließt sich uns – bei mäßiger Ostseesicht – das Wrack in ganzer Schönheit. Endlos schwimmen wir über den Schiffsboden mit dem Kielbalken und der Mastspur, entdecken Hängeknie und Zwischendecks, finden massiv gefügte Stückpforten und eine Luke als geheimnisvollen Zugang ins Innere des längst zusammengebrochenen Seglers. Was mag sich darin verbergen?

Auf dem Vordeck des alten Kauffahrers steht ein gut erhaltenes Bratspill, es gibt gewaltige Ketten und Tampen. Ein Mast ist zur Seite umgebrochen und verliert sich in der grünen Dämmerung. Die Marssaling am Mast erhebt sich mannshoch über den Meeresgrund. Von hier aus, aus Höhe der ersten Rahe, mag einst der Fockmast-Ausguck das Schiff vor Gefahren bewahrt haben.

Bug und Heck sind stark zerstört, aber Kiel, Spanten, Stückpforten und Decksbalken ergeben noch eine gute Vorstellung davon, dass das Schiff vielleicht 50 Meter lang gewesen sein mag. Diverse geschwungene Balken des Vorschiffes legen die Vorstellung nahe, dass dieses Schiff eine Fleute war, ein gewaltiger Kauffahrer des Hochmittelalters. Vielleicht sogar das Schiff des Kapitäns Vanderdecker, denn die Einheimischen sind sich sicher, es war der Holländer! Rätselhaft auch diese Überlieferung, denn es gibt keine seriöse historische Quelle dafür.

Andere Versionen der Sage vom »Fliegenden Holländer« legen nahe, dass der ewige Unhold der Meere solange segeln muss, bis sich eine Frau in ihn verliebt. Eine tolle Frau, die sehnsüchtig nach ihm Ausschau hält, ihr sicheres Landleben aufgibt und mit ihm untergeht, wenn er Ruhe findet. Eine Ahnung müsste Vanderdecker als letzte Reise in die baltische Region geführt haben; aber vielleicht ist er den Sailors von Åland auch vor Kap Horn begegnet? Den letzten Getreideseglern der Erde, die die berühmten »Grain Races« fuhren und die Reedereiflagge Edgar Erikssons im Masttop führten?

Die Männer von den Ålandinseln betrieben die letzte Segelschiffsflotte der Welt bis etwa 1949. Alles hier dreht sich noch heute um Schiffe und das Meer.

Infos: Tauchbasis 22.

Links: Die Reste der HOLLÄNDEREN *– vormals ein großes Schiff.*
Rechts: Die Marssaling – der vordere Ausguck – der HOLLÄNDEREN.

81. NEDERLAND – Das verirrte Binnenschiff

Es bedarf ab dem Hafen von Mariehamn nur weniger Minuten Bootsfahrt, und die Klippe Marhällan in der direkten Hafenansteuerung ist erreicht. Ein winziger Felsbuckel mit einem Miniaturleuchtturm auf seinem Rücken trennt unseren Bootsliegeplatz von der Hauptfahrinne der großen Ostseefähren. Mit einem Sprung aus dem Speedboot der Basis geht's ins Wasser und wir steigen ab in die hellgrüne Ostseedämmerung.

Am Grunde finden wir in 24 Meter Tiefe ein höchst eigenartiges, eigentlich nicht zur Ostsee passendes Schiff: Vor uns liegt ein breites, behäbiges, flachbödiges Lastschiff. Ein historisches Handelsschiff, wie sie überall in Europa noch vor 100 Jahren auf den Flüssen und Seen im Einsatz waren. Die einstige Konkurrenz zum Gütertransport mit Pferdeplanwagen … Die Ålander nennen es einen holländischen Flutsegelprahm.

Der Bug weist einen kleinen Bugspriet auf, nicht weit hinter dem plumpen Steven ruhen auf dem Vorschiff ein gewaltiger Stockanker und eine eiserne Zahnradwinsch. Dahinter folgt der Scherstock des Mastes. An dieser Vorrichtung zur Aufnahme des Mastes sind große Räder angebracht, die wahrscheinlich das Umlegen des Mastes vor den Brücken von Binnenwasserstraßen erleichtert haben. Und der dicke Holzmast liegt tatsächlich nahezu auf Kiellinie des Wracks nach achtern umgelegt.

Achtern entdecken wir eine Art Heckkajüte, von der offenbar die oberen Teile schon fehlen. Es gibt eiserne Poller und Klampen. Einige Meter hinter dem Heck ruht das Steuerruder mit seiner wuchtigen Pinne. Es muss ungeheure Kraft oder auch mehrere Leute erfordert haben, dieses Schiff ohne jede Übersetzung direkt von Hand auf Kurs zu halten. Rund um das Heck zieht sich der noch gut lesbare Name NEDERLAND. Das Wrack ist im Ganzen etwa 35 Meter lang und 9 Meter breit.

Das Schiff war auf seiner letzten Fahrt mit 80 Tonnen(!) von Hand behauener Pflastersteine beladen, die vermutlich vom damaligen »Mutterland« Russland zur »Baustelle« Åland verschifft werden sollten. Nach den Erkenntnis-

sen des Seefahrtsmuseums Mariehamn war dieses Binnenlastschiff nicht allein untauglich für die rauen Ostseeverhältnisse, sondern zudem auf seiner letzten Reise gefährlich überladen. Auf Åland ist bekannt, dass der Flutsegelprahm NEDERLAND am 18. Dezember 1917 bei der Klippe Marhällan vom Wind auf die Felsen gedrückt wurde. Die Crew konnte sich auf das winzige Eiland retten. Für die durchnässten Männer begann eine eisige Wartezeit von 30 Stunden, ehe das Segelschiff MIRA aus Raumo eintraf und die NEDERLAND-Crew an Bord nahm.
Für die Seefahrtsexperten ist es heute noch ein Mysterium, warum ein Binnenschiff in den harten Ostseeeinsatz geschickt wurde, wodurch doch Reeder und Crew jedes Mal leicht alles verlieren konnten. Aber offenbar hat die NEDERLAND eine ganze Anzahl von Seereisen durch den Åland-Archipel geschafft, ehe der Tag herannahte, an dem man zu hoch gepokert hatte. Das Wrack wurde von den Stockholmer Tauchern Stefan Kronström und Sven-Olof Johansson gemeinsam mit der Crew von Ålands Dykcenter wiedergefunden. Die Schiffsglocke des Wracks befindet sich inzwischen im Seefahrtsmuseum von Mariehamn. *Infos: Tauchbasis 22.*

Wrack der NEDERLAND, gesunken am 18. Dezember 1917, Tiefe 19–22 m. (Zeichnung: Richard Johansson)

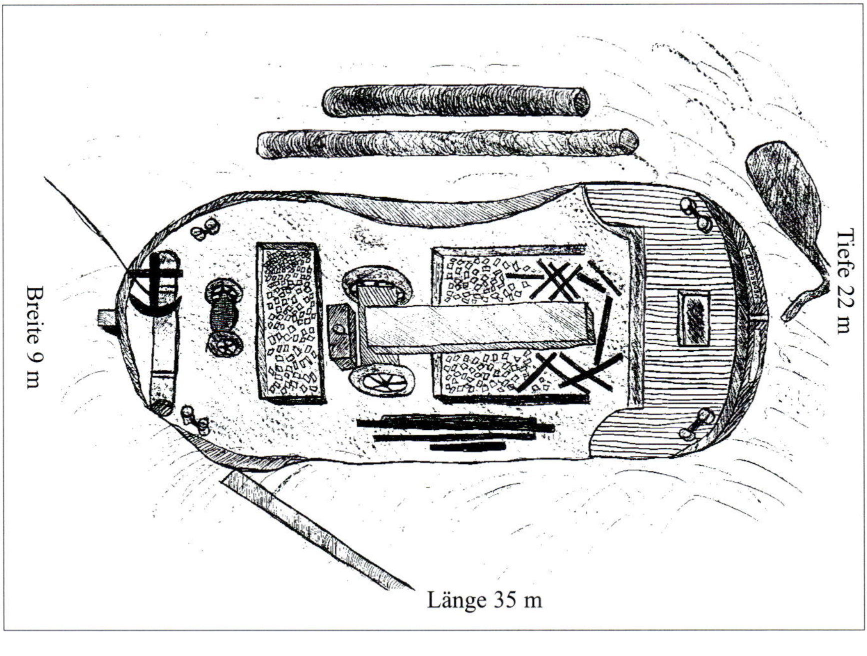

82. PLANET oder METEOR – Die Zwillingsschwestern

Das heutige Wrack PLANET war einst ein Dreimastschoner. Und er sah genau so aus wie der den alten Seglern nachempfundene Schoner LINDEN, der heute wieder im Åland-Archipel kreuzt. Die PLANET war ein massiver Holzbau und etwa 40 Meter lang. Vermutlich wurde der Schoner gegen Ende des 19. Jahrhunderts gebaut. Der Heimathafen war Pargas.

Der Schoner PLANET scheiterte an dem Inselchen Rödhamn. Die Besatzung konnte sich aus dem Sturm an Land retten. Dieser Sturm beschädigte das Schiff schwer, ehe es sank, denn die komplette Takelage und das Steuerruder fehlen an der Untergangsstelle. Dafür können wir dort einen fast komplett erhaltenen hölzernen Segelschiffsrumpf bewundern, der in den meisten anderen Meeresregionen der Erde längst dem Schiffsbohrwurm zum Opfer gefallen wäre. Aber diese holzzerstörende Muschel kann im salzarmen Ostseewasser der Ålandsee nicht leben.

Bug und Heck der PLANET gehen langsam auseinander, zerfallen in einzelne Holzteile; aber wir können noch gut sehen, wie der Schoner gebaut war, wie Planken und Spanten verliefen, wie einst das Deck mit den Mastfischungen aussah. Und es gibt viele interessante Details zu sehen wie etwa eine hölzerne Lenzpumpe, Reling und Schanzkleid oder das mit Hilfe ganz weniger metallener Beschläge aus Holz gefertigte Ankerspill. Die Decksplanken liegen schon recht lose auf ihren Balken, wer unter Deck tauchen will – dafür ist genug Platz – der sollte das sehr vorsichtig tun.

Jeder Wrackliegeplatz hat seine eigene geheimnisvolle Geschichte: Wie es heißt, soll die PLANET ein baugleiches Schwesternschiff namens METEOR gehabt haben. Und dieser zweite Schoner soll am gleichen Tag wie die PLANET in einer anderen Ostseeregion untergegangen sein. Ja, viel schlimmer noch: Beide Schiffe ruhen nun auf dem Meeresgrund, und eigentlich weiß niemand sicher, welche der Zwillingsschwestern wirklich hier bei Rödhamn untergegangen ist …

Das Wrack befindet sich in nur 15 Meter Tiefe und wurde 1995 bei einem Ausrüstungstest dicht unter Land entdeckt. Es empfiehlt sich, gut tariert mit sparsamen Bewegungen zu tauchen, denn das Umfeld des Wracks ist mit sehr leicht aufwirbelbarem feinem weißem Schlick bedeckt. Vom Hafen Mariehamn fährt man mit dem Speedboot der Basis etwa eine halbe Stunde zu diesem Tauchplatz. *Infos: Tauchbasen 22 und 23.*

83. FRED – Ålands größte Holzbark

In einer fürchterlichen Schneesturmnacht scheiterte die Holzbark FRED kurz vor dem rettenden Hafen von Mariehamn. Es war dieselbe Nacht, in der auch die PLUS unterging … Die Lotsen konnten es in dieser Unglücksnacht einfach nicht schaffen, alle eintreffenden Schiffe rechtzeitig in Empfang zu nehmen. Der Kapitän der Bark FRED versuchte, in angemessener Entfernung von der

Das Vorschiff der PLANET mit dem Ankerspill.

Historisches Foto der Holzbark FRED.

Insel Svinö zu ankern, doch beide Trossen brachen. Das Schiff strandete bei Svinö. Die Besatzung hatte dabei noch Glück im Unglück, denn die Masten legten sich wie eine Brücke hinüber zum Land, und alle konnten sich retten. Aber Ålands größte Holzbark war verloren. Der Großreeder Gustav Eriksson kaufte die Masten und die Takelage von FRED auf, um sie auf seinen Schiffen weiter zu verwenden.

FRED war das Ergebnis eines Baubooms für Segelschiffe, der letztmalig zwischen 1917 und 1923 auf Åland aufflackerte. FRED war Ålands größte Holzbark und in gewissem Sinne der Höhepunkt des Segelschiffsbaus auf Åland. Sie wurde auf Bambole Vik in Finström vom damaligen Altmeister der Schiffsbaukunst Johan August Henriksson erbaut und 1920 fertig gestellt. Der Meister war bereits 78 Jahre alt. FRED erhielt das traditionelle Bark-Rigg, das preiswert von dem 1877 auf Åland gebauten Segler PER BRAHE übernommen wurde. Als Heimathafen stand ganz simpel Åland am Heck des Seglers.

Das Wrack der Bark FRED liegt nur acht Meter tief und wird gern nach langen tiefen Tauchgängen aufgesucht. Der Kielbalken, die Ballaststeine, der Schiffsboden und ein großer Teil der Rumpfschale sind noch vorhanden. Auch vom Schanzkleid sind noch große Teile zu sehen. Das hölzerne Spill ist ebenso zu finden wie ein großes chaotisches Knäuel aus Spieren und Tauwerk, das vermutlich alljährlich vom Eisgang neu »gewickelt« wird. Das Wrack von FRED zu betauchen ist überaus interessant, und bei guter Sicht kommt man sich als Taucher in dem großen Schiffsrumpf winzig klein vor. FRED ruht lediglich 10 Minuten Bootsfahrt von Mariehamn entfernt. *Infos: Tauchbasis 22.*

84. Der Flying-P-Liner PLUS – Die letzte Eisenbark aus Hamburg

PLUS wurde in der engen Wasserstraße zwischen Hertronklubb und Korsö von Sturmböen und Schneetreiben überrascht. Auf tragische Weise wurde klar, dass die Ansteuerung nach Mariehamn in dieser Nacht ohne Lotsen nicht zu machen war. PLUS sank nach zwei harten Grundberührungen schnell. Nur vier Seeleute konnten sich retten. Die letzte Eisenbark sackte nach 48 Jahren Seefahrt so schnell weg, dass Wind und Wellen das Schiff bis auf das große Leck im Rumpf relativ unzerstört auf den Meeresgrund entließen.

Auf dem Deck hinter dem Fockmast erhebt sich ein massiver Aufbau, schimmert sedimentgrau im Dämmerlicht der Ostsee. Über dem kastenförmigen Aufbau hängen muschelverkrustete Drahtseile. Da steht noch immer eine korrodierte Winde. Auf dem Dach liegen zerbrochene Stengen und Spieren. Teile der Takelage hängen seitlich über Bord. Wahrscheinlich ist beim Auflaufen das ganze vordere Rigg von oben gekommen. Schlagartig.

Wir sehen Lukensülle und eiserne Leitern, die ins Dunkel des Schiffsbauches führen. Vor uns ist das hölzerne Stabdeck gesplittert, hängt ausgefranst in den Laderaum hinein. Die Jungfrauen an der Bordwand gleichen grinsenden

Links: Taucher im Rumpf der Holzbark FRED.
Rechts: Die alte Lotsenstation Kobba Klintar war in der Nacht, in der die PLUS *gesunken ist, schon verlassen.*

Totenschädeln. Sie dienten einst zum Wantenspannen. Jener Wanten, die zu Knäuel verstrickt in den geschundenen Schiffsrumpf hineinhängen. Das stehende Gut der PLUS steht noch auf Taljereepen, wie es einst Tradition war.
Auf etwa halbem Wege zwischen Groß- und Besanmast gibt es ein Kartenhaus auf PLUS. Es steht da noch immer, die Schotten offen und ein Fenster angekippt. Wie wenn der Captain hier mit Seekarten gearbeitet hätte und alles offen ließ, um nach draußen rufen zu können. Ein paar kleine schwarze Miesmuscheln haften heute im Kartenhaus. Und die Scheiben sind raus. Alles still hier, mit Blick auf das in den Laderaum abkippende Deck. Vielleicht hat die Deckswache noch die Planken reißen sehen, nachdem der Fockmast umbrach?
Über den Schiffsuntergang wissen wir dieses:
Bis nachts um 01.00 Uhr an jenem 14. Dezember war noch – oder wieder – leidlich klare Sicht. Gegen zwei Uhr morgens wurden die Fackeln entzündet, um den Lotsen herbeizurufen. Aber KOBBA KLINTAR antwortete nicht. Kapitän Karl Emanuel Eriksson steuerte PLUS nach den noch sichtbaren Leuchtfeuern selbst. Er befahl Steuermann Geelnard in den Mast, um Ausschau nach den Leitfeuern von Mariehamn zu halten. Der Wind war heftig, bei 8 Beaufort lief Plus nur unter Vormarssegel und Unterstagsegel noch lockere 7 Knoten. Tückischerweise war der Wasserstand auf Grund der Windrichtung einen halben Meter unter normal.
Dann ging alles ganz schnell. Geelnard sah kurz das Kursfeuer von Mariehamn. Aber er sah auch noch etwas anderes, ehe Schneeschauer alles verhüllten: Brandungswellen voraus … Der Schrei: »Ruder hart Steuerbord!« kam zu spät. Das Schiff schlug in kurzem Abstand zweimal hart auf. Land war nicht zu sehen, aber der vordere Laderaum sofort voll Wasser. PLUS bekam Schlagseite und sank schnell. Boote konnten nicht zu Wasser gebracht werden. Traurige Szenen spielten sich ab. Als sichere Schwimmer bekannte Seeleute standen zitternd unter Schock. Gaben sich auf. Jeder konnte nur für sich allein mit der eisigen Ostsee kämpfen, musste eine Ahnung haben, wo im nächtlichen Schneetreiben Land wäre.

Die Eisenbark PLUS auf einer alten Glückwunschkarte der Bauwerft Blohm & Voss, Hamburg.

Das erhöhte Poopdeck ist noch immer von jener markanten Reling aus feinen gedrechselten und geschnitzten Hartholzteilen abgegrenzt vom tiefer liegenden Sturmdeck. Auch hier zeichnen sich Davits ohne Boote als traurige Silhouetten vor dem Hellgrün der Ostsee ab. Komplett erhaltene Ladeluken, Skylights und Niedergänge verraten viel vom einstigen Anblick des Schiffes.
Achtern liegt die PLUS nur knapp 20 Meter tief. Auch vom Besanmast steht noch ein langes Stück. Hier ist es auf Grund der geringeren Tiefe viel heller. Wir überblicken das Achterdeck mit Besanmast, dem nach Steuerbord liegenden Großbaum, dem achtern über Bord hängenden Rigg und – »the wheel«. Das Steuerrad ist fort. Aber die Rudermaschine steht noch als anklagendes Gerippe auf dem Achterdeck.
PLUS wurde 1885 als Baunummer 46 bei Blohm & Voss in Hamburg vom Stapel gelassen. Die Dreimastbark PLUS war das letzte eiserne Segelschiff, ehe die Werft zur Stahlbauweise überging. PLUS wurde als einer der legendären Flying-P-Liner bei F. Laeisz in Dienst gestellt. Das Schiff war ungewöhnlich schnell und segelte schon im ersten Jahr in der Rekordzeit von 61 Tagen vom Ärmelkanal nach Valparaiso.

Links oben: Ein Gedenkstein auf der Insel Korsö erinnert an die Besatzung der PLUS. Rechts: Der Bug der DAGMAR CLAUSEN. Links unten: Am Besanmast der PLUS.

Nur 10 Minuten Speedbootfahrt entfernt liegt die stählerne Viermastbark POMMERN als Museumsschiff für immer am Kai des Västerhamn festgemacht. Wenn die modernen Fähren den Hafen verlassen haben, sieht es vom Wasser her fast aus wie damals, als die Großsegler alljährlich im Sommer zurückkehrten von ihrer Reise um die Erde. Von der Getreideroute, einem Kurs rund um die Welt.

POMMERN ex MNEMOSYNE. Die Göttin des Gedächtnisses und der Erinnerung verharrt in Form eines Museumsschiffes in Mariehamn. Und wir erinnern uns. An den Tauchgang bei PLUS. An ein grandioses Wrack, dessen Anblick nach allen Seiten nach jeweils 10 bis 12 Meter Sicht im grünen Nebel verschwindet. Ein stolzes Schiff, dass wir nur in der Fantasie im Ganzen vor uns sehen können. Das wir uns aus der Erinnerung zusammenbauen müssen. POMMERN ex MNEMOSYNE hilft uns dabei.

Was tut es schon, dass die POMMERN eine Viermastbark aus Stahl ist, während PLUS eine eiserne Dreimastbark war? EX MNEMOSYNE mit der schicken Galionsfigur hilft uns PLUS mit dem Holzornament unter dem Bugspriet besser verstehen. Double Fantasy im Hafen von Mariehamn. *Infos: Tauchbasis 22.*

Technische Daten	PLUS	POMMERN
Schiffstyp	Dreimastbark aus Eisen (bk)	Viermastbark aus Stahl (4mbk)
Werft	Blohm & Voss, Hamburg	J. Reid & Co., Greenock bei Glasgow
Baujahr	1885	1903
Tragfähigkeit	1515 t	4050 t
Länge	71 m	95 m
Breite	11 m	13 m
Tiefgang	5,9 m	6,7 m
Seitenhöhe	7 m	7,5 m
Besatzung unter Åländischer Flagge	16 Mann	27 Mann

85. VIRGO – Die schottische Bark im Schifffahrtskanal

Gerade mal einen Steinwurf entfernt vom Wrack NEDERLAND hat die eiserne Bark VIRGO ihre letzte Ruhestätte gefunden. Allerdings liegt dieses Wrack direkt im Fahrwasser der großen Ostseefähren. Weil der von diesen Schiffen ausgehende Sog auch in 30 Meter Tiefe noch sehr gefährlich ist, sollten Tauchgänge an VIRGO nur nach gründlicher Einsicht in die Fahrpläne der Fährlinien erfolgen.

Die Dreimastbark VIRGO wurde 1881 im schottischen Glasgow vom Stapel gelassen. Anfänglich hieß das Schiff allerdings CLOSEBURN. Die Bark maß 897 Nettoregistertonnen und war damit ein wenig kleiner als PLUS. Sie konnte etwa 1500 Tonnen laden. Der alandische Reeder Erik Nylund kaufte das Schiff im Jahre 1928.

Das Schiff befand sich auf dem Weg ins Winterlager im Westhafen von Mariehamn, als es mit voller Fahrt nachts bei unsichtigem Wetter auf die Klippe Marhällan auflief. Das Schiff saß fest und wurde von der tobenden See langsam zerstört, aber die Crew konnte an Bord bleiben, bis es wieder hell wurde. VIRGO lag lange halb zerstört auf den Felsen, brach später entzwei und rutschte in die Tiefe.

In 30 Meter Tiefe können wir heute die gut intakte Heckpartie dieses Seglers bewundern. Wenn man von hier aus dem Grund und nach oben liegenden Stahlseilen folgt, entdeckt man bald einen kompletten Mast des Schiffes und weitere Schiffsteile in nur noch 10 Meter Tiefe. Eine Besichtigung von VIRGO kombiniert man am besten mit einem Tauchgang an NEDERLAND. *Infos: Tauchbasis 22.*

86. DAGMAR CLAUSEN – Der Norwegerdampfer

Der 60 Meter lange Dampfer DAGMAR CLAUSEN wurde 1909 in Akers Mechanischer Werkstatt in Oslo erbaut. Das Schiff fuhr unter verschiedenen Namen für norwegische und dänische Eigner. Ab 1942 gehörte der alte Dampfer zum Bestand der Deutschen Kriegsmarine.

Die letzte Reise des Dampfers DAGMAR CLAUSEN begann am 4. Dezember 1942 in Danzig-Gotenhafen. Kapitän Paulsen führte das Schiff zunächst Richtung Arholma in Schweden, wo sich das Schiff wie in Kriegszeiten üblich einem Konvoi anschließen sollte. Man traf den Konvoi tatsächlich auf offener See und versuchte an den anderen Schiffen dran zu bleiben. Aber die DAGMAR CLAUSEN war einfach zu langsam und verlor – auch wegen schlechter Sicht durch Schneetreiben – die anderen Schiffe bald.

Der Dampfer DAGMAR CLAUSEN auf einem historischen Foto.

Das Wrack der DAGMAR CLAUSEN *kann man auch von innen besichtigen.*

In der Nacht des 8. Dezember fuhr die DAGMAR CLAUSEN ganz allein durch die Dunkelheit. Dem Kapitän war der harte Südostwind nicht geheuer und er ließ viertelstündlich die Tiefe messen. Kurze Zeit später bemerkte man an Backbord Brandung. Sofort wurde »volle Kraft rückwärts« angewiesen, aber es war schon zu spät. Die DAGMAR CLAUSEN hatte sich auf der Klippe Resningarna outside Mariehamn festgefahren. Bald schlugen hohe Wellen über das gestrandete Schiff. Der Dampfer hielt noch bis zum 9. Dezember 03.00 Uhr durch, ehe er auseinander brach. Zum Glück konnte die Besatzung in die Boote gehen und sich an Bord des von ihren Notsignalen angelockten Segelschiffes IMTRA retten.

Wie fürchterlich das Meer getobt haben muss, sagt uns heute das Wrack: Das abgebrochene Vorschiff und der Heckteil des Dampfers liegen von der Klippe Resningarna getrennt rund 800 Meter voneinander entfernt!

Der Bugteil des alten Norwegerdampfers ruht in 19 Meter Tiefe und der Steven weist gen Himmel. Rund ums Vorschiff sind Reling, eine Luke, Poller, Klüsen und andere Details vollständig unzerstört. Unten am Meeresgrund kann man leicht in den vorderen Laderaum des Schiffes hineintauchen. Dieser Teil des Wracks lädt geradezu zu dramatischen Gegenlichtfotos ein.

Das weit entfernte Achterschiff ist noch stärker zerstört als das Vorschiff. Dennoch liegt hier der größere Teil des Schiffes, und man findet mehr interessante Einzelteile. Die Kolbendampfmaschine steht aufrecht am Meersesgrund, und unter den wenigen Miesmuscheln sind die Pleuel gut zu erkennen. Außerdem sehen wir Teile der Kessel, einen einzelnen Kolben und die Deckseinrichtung des Achterschiffes. Auch ein Stück Mast ist noch vorhanden. Das hintere Teilstück der DAGMAR CLAUSEN liegt in nur 10 Meter Tiefe. Bis zu diesem Tauchplatz fährt das Speedboot der Basis ab dem Hafen etwa 20 Minuten.
Infos: Tauchbasen 22 und 23.

Grafik des Eisbrechers HINDENBURG. *(Zeichnung: Richard Johansson)*

87. HINDENBURG – Der tief eingebrochene Eisbrecher

Etwa 30 Bootsminuten von Eckerö entfernt ist im freien Wasser der Ostsee einer der spannendsten Tauchgänge möglich, die Åland zu bieten hat: In 50 Meter Grundtiefe ruht das Eisbrecherwrack HINDENBURG aus dem Ersten Weltkrieg. Die flachsten Teile dieses Wracks werden mit dem Heck in 35 Meter Tiefe erreicht. An Schraube und Ruder ist es bereits 42 Meter tief. Wenn Sie am Schiffsrumpf entlang tauchen, können Sie die Beschädigungen sehen, die ein Minentreffer verursacht hat.

Der ehemals hohe, nun abgebrochene Schornstein liegt noch auf dem Wrack, auf 37 Meter Tiefe können Sie in die voll ausgestattete Kommandobrücke hineinsehen, die Bugspitze wird bei 47 Meter erreicht. Ob man das Steuerrad betrachtet oder die gut erhaltenen Maschinentelegrafen, die Ruderanlage oder das komplette Achterdeck, die HINDENBURG ist ein Wrack der Superlative. Das Schiff war ja auch so gut wie neu, nur drei Jahre alt, als es sank. Die Crew von Ålands Dykcenter fand das Schiff nach langer Suche wieder – 77 Jahre nach seinem Untergang…

Der Eisbrecher HINDENBURG wurde von den Stettiner Oderwerken im Jahre 1915 für die Kaufmannschaft der Hafenstadt gebaut. Als das Schiff fertig war, wurde es jedoch sofort in die Kaiserliche Kriegsflotte eingegliedert. Der Eisbrecher war 51 Meter lang, 13 Meter breit und kam mit seiner Dreizylinder-

Dampfmaschine und 140 Tonnen Kohle auf 13 Knoten Geschwindigkeit und etwa 1.000 Seemeilen weit. Für die damalige Zeit war das keine schlechte technische Leistung.
Am 22. Februar 1918 wurde die HINDENBURG in der Ålandsee stationiert. Am 9. März 1918 eskortierte der Eisbrecher Schiffe der Kriegsflotte, die vom Käringsund bei Eckerö ausliefen. Der Eisbrecher hatte schwer zu tun, den Schiffen eine Rinne zu brechen, denn das Eis war schon dick. An Bord der Schiffe waren Soldaten, die lange auf Åland stationiert waren und nun heimkehren sollten.
Alle wussten um die Gefahr durch Minen. Südlich von Töllingarna rammte die Hindenburg eine unerkennbar im Eis eingeschlossene Mine. Der Bug des zweimastigen Schiffes wurde von der gewaltigen Explosion herumgerissen, als ob sich das Schiff in der eisigen Rinne auf den Rückweg machen wolle. Dann sank der Eisbrecher schnell in das kalte dunkle Wasser. Der größte Teil der Crew vermochte sich durch den beherzten Sprung auf das Eis zu retten, aber leider nicht alle.
Ein Tauchgang zur HINDENBURG ist nur für erfahrene Taucher geeignet und kann allein mit Hilfe von Ålands Dykcenter organisiert werden. Wer die HINDENBURG betauchen will, sollte mindestens 100 Tauchgänge der anspruchsvolleren Sorte im Logbuch stehen haben. Die geborgene Schiffsglocke des Wracks befindet sich heute in Ålands Museum. *Infos: Tauchbasis 22.*

Wrack der HINDENBURG, gesunken am 9. März 1918. (Zeichnung: Richard Johansson)

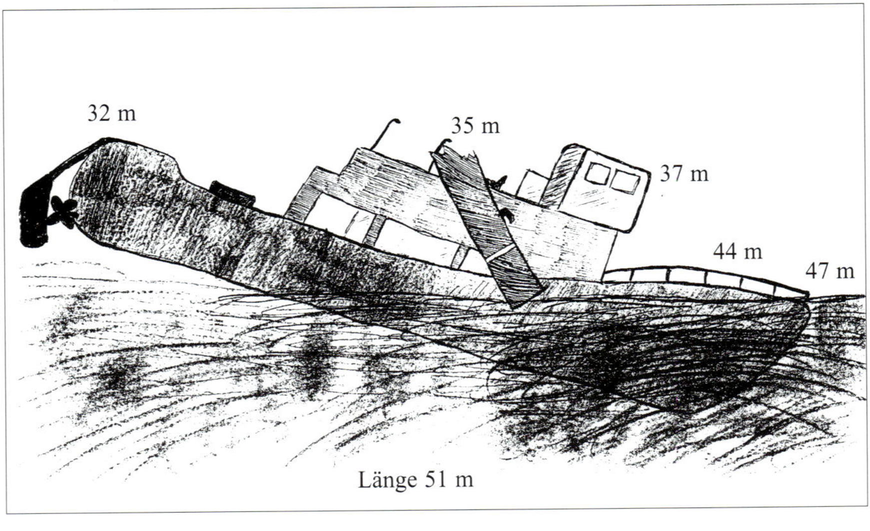

88. PARK VICTORY **– Kilroy was here**

In den Jahren 1940/41 versenkten deutsche U-Boote im Nordatlanik soviel Schiffstonnage, dass die fehlenden Transporter kaum schnell genug nachgebaut werden konnten. Von 1943 bis 1945 wurden auf Seiten der Alliierten erstmalig Frachter in Fließbandproduktion zusammengeschweißt. Man nannte diese Schiffe der Liberty- und Victory-Klassen auch »Fünf-Jahres-Schiffe«, denn sie waren nur für den Krieg konzipiert und wurden auch nur selten älter. Die letzte Ruhestätte des 9000-Tonnen-Frachters PARK VICTORY vor Lillharu Island bei Kökar ist durch vier große Stabbojen »behördlich« markiert, denn die Masten reichen bis hinauf auf 6 Meter unter der Wasseroberfläche. Diese Bojen sind selbstverständlich nicht am Wrack festgemacht, denn sie sollen die Berufsschifffahrt zu gebührendem Abstand von diesem Seegebiet bewegen. Das markierte Rechteck hat gewaltige Ausmaße; allein der alte Frachter ist 139 Meter lang.

Bald schweben wir der hellgrünen Tiefe entgegen. Acht Meter, fünfzehn Meter, schon scheint es, die deutlich spürbare Strömung habe uns zu weit versetzt. Da tut sich ein finsteres Viereck auf, als wolle es uns verschlingen – und wir stoppen den Abstieg über dem gähnenden Riesenschlund einer offenen Laderaumluke.

Die Reling entlangtauchend, erreichen wir gewaltige Spills und gut erhaltene Ladegeschirre. In einer stumpfen Spitze mit geradem Steven endet hier das Schiff; wir haben gerade so das Vorschiff getroffen. Zwischen Reling und Ladeluken tauchen wir nach achtern. Unterwegs fotografieren wir die in reicher Zahl erhaltenen maritimen Details, die da heißen Schotten, Bulleyes, Blöcke, Lüfterhutzen, Spillköpfe, Kettenstopper, Klüsen und Ähnliches.

Neben uns erheben sich die Masten des Schiffes gen Wasseroberfläche, irgendwo weit über uns enden sie im diffusen Grün. Wo früher der Wind durch Flaschenzüge und Drahtseile heulte, pfeift heute die Strömung dahin. Auch das Deck ist wie abgefegt. Irgendein helles Klingeln liegt über dem Wrack. Wer weiß, ob die strömende Ostsee lose Stahlteile bewegt und gespenstisch aneinander schlagen lässt.

Bösartig gezackt und ausgefranst endet vor uns das Deck. Ein Chaos aus Stahlplatten, Trägern, Kabeln und Trossen hängt nach unten. Genau am Mittschiffsladeraum vor der Kommandobrücke ist die PARK VICTORY in zwei Teile zerbrochen.

Das Achterschiff liegt, einige Meter versetzt, ebenfalls aufrecht auf dem Grund. Wir durchtauchen Niedergänge, besichtigen die leeren Davits, steigen ein wenig auf zur Brückennock. Aufbauten und Kommandobrücke sind betauchbar, von einigen tiefer gelegenen Räumen fehlen ganze Seitenwände, so dass wir weit in Gänge und Kajüten hineinsehen können. Das metallische Klingeln ist stärker geworden, angesichts der düsteren schwarzen Fenster und abstürzender Rostplatten verleitet das Geräusch zu makabren Visionen:

Ob der Geist des Kapitäns tatsächlich die Schiffsglocke läutet, wie uns die Diveguides grinsend erzählen wollten? Oder geistert gar Kilroy noch durch die hallengroßen Laderäume des Wracks, um seine Inschrift wieder zu löschen?

Von diesen großen Frachtern der Victory-Klasse wurden in den letzten Jahren des Zweiten Weltkrieges 531 Stück gebaut, etwa 15 bis 17 Stück pro Monat. Jedes der fließbandmäßig rasch zusammengeschweißten Schiffe unterlag der strengen technischen Prüfung des staatlichen Schiffbau-Inspektors James Kilroy, bevor es in See gehen konnte, weil das Schweißen zur Zeit des Zweiten Weltkrieges ein noch neues, unausgereiftes Verfahren war. »Kilroy was here«, schrieb der Inspektor tief unten in jeden untersuchten Schiffsrumpf an eine nur wenigen bekannte Stelle. Der legendäre Satz »Kilroy was here« wurde in England zum Sprichwort.

Bei der PARK VICTORY war James Kilroy vermutlich nicht gut drauf oder hatte nur mangelhaftes Licht zur Beurteilung der Schweißnähte. Der Frachter »überlebte« zwar den Krieg, ging aber kurz danach wegen eines für viele andere Schiffe harmlosen Vorfalls unter.

Historie pur: Im Dezember 1947 fuhr die PARK VICTORY mit einer Ladung Steinkohle von Newport in den USA in die Ostsee ein. Zielhafen war Turku in Finnland. Stürmisches Wetter zwangen Kapitän A.L. Zepp und den Lotsen N. Lindström, in einem Schutzhafen vor dem Åland-Archipel zu ankern. Die PARK VICTORY konnte wie alle Frachter der Victory-Klasse maximal 15 bis 16 Knoten Geschwindigkeit erreichen. Das ist zu wenig, um einen schwer beladenen Frachter bei stürmischen Winden dicht unter Land auf einem sicheren Kurs zu halten.

In unmittelbarer Nähe des Schutzhafens spielte sich eine weihnachtliche Tragödie ab: Die Seeleute des amerikanischen Frachters sammelten Geld, um den finnischen Kindern im zufällig erreichten Nothafen angesichts der knappen Nachkriegsverhältnisse eine Freude zu machen. Das gute Werk gelang wohl noch, aber am 25.12.1947 ließen die Anker nach und das Schiff trieb vor die felsige Küste der Insel Lillharu. Obwohl es heißt, dass der Frachter nur eine leichte Grundberührung hatte, brach er schlagartig in zwei Stücke. Die Insulaner konnten 39 Seeleute retten, 10 Mann der Besatzung starben in der winterlichen Ostsee. In der Utö-Kirche erinnert ein Mahnmal an das schreckliche Weihnachtsfest von 1947…

Beim Betauchen der Aufbauten wird das metallische Klingen immer lauter. Und dann finden wir, von zwei Seiten in zertrümmerte Räume tauchend, des Rätsels Lösung: Der Schiffbruch des Frachters hat auch dicke Kabelbündel aus ihren Kanälen gerissen. Diese Kabel hängen, teils abenteuerlich zerfranst, von der Decke düsterer Gänge herab. Die Strömung lässt die Saiten dieser gewaltigen »Äolsharfe« schwingen, teils aneinander schlagen, teils über die metallenen Bodenplatten bürsten. Wir können weder wenden noch mögen wir

Links: So liegt die PARK VICTORY *am Meeresgrund.*

Rechts: Die PARK VICTORY *ist ein nahezu komplett erhaltenes Frachtschiff.*

der deutlich durchströmten »Harfe« zu nahe kommen. Vorsichtig rückwärts manövrierend verlassen wir die Aufbauten…

Schier endlos erstreckt sich der Schiffsrumpf der PARK VICTORY durch die grüne Dämmerung. Auch das achterliche Ladegeschirr ist einwandfrei erhalten, unterm Heck liegt das abgefallene Steuerruder. Bislang wurden nur die Schraube und der Kompass vom Wrack geborgen, die Kanonen des ehemals bewaffneten Frachtschiffes waren gleich nach dem Krieg demontiert worden. Nach einem Blick unters Heck kehren wir »im Eilgang« zu jenem markanten Mast zurück, der uns als Aufstiegsorientierung dient. Die Leiter am Mast ist der perfekte Platz für Dekostops, die spätestens beim zweiten Tauchgang leicht erforderlich werden können, liegt doch der Grund in 42 Meter Tiefe und das Deck auf etwa 22 Meter.

Nur wenige werden die PARK VICTORY bis in den letzten Winkel kennen lernen. So, wie etwa die finnischen Marinekampfschwimmer, die hier ihre Beginner auf Platzangst testen … Und noch niemand hat bisher die legendäre Inschrift »Kilroy was here« gefunden. *Infos: Tauchbasen 22 und 24.*

89. SANNY – Der havarierte Türkentanker

Etwa eine (teilweise durch raue Seegebiete führende) Stunde Bootsfahrt südöstlich von Mariehamn befindet sich im Schutze diverser Klippen die letzte Ruhestätte des Tankers SANNY. Dieses Schiff war ursprünglich ein militärisches Landungsschiff. Es wurde 1944 in England fertig gestellt und war 50 Meter lang. Einige Zeit nach dem Zweiten Weltkrieg erwarb der Reeder Algot

Johansson dieses Schiff. Er ließ es zu einem Küstentanker von 480 Tonnen Ladefähigkeit umbauen. Nach kurzer Einsatzzeit wurde das Schiff im Herbst 1954 an eine türkische Gesellschaft verkauft. Die türkischen Besitzer benannten das Schiff in PHILIVAN II um. Doch das sollte kein Glück bringen!
Die türkische Besatzung übernahm das Schiff in Mariehamn und fuhr am 26. September 1954 mit Lotsenunterstützung hinaus auf das Meer. Der Lotse gab den weiteren Kurs vor, als er von Bord ging. Die türkische Schiffsführung änderte jedoch den empfohlenen Kurs, und das Schiff geriet in die Nähe der Felsen von Lagskär. Diese Klippen tragen auch den Spitznamen »Gethsemane«, weil sie tückisch sind und schon viele Schiffsuntergänge verursacht haben. Die Besatzung des Leuchtturmes auf Lagskär sah das Unglück voraus, versuchte zum Schiff zu signalisieren und konnte doch nichts tun. Unaufhaltsam näherte sich MS PHILIVAN II ex SANNY den knapp unter der Wasseroberfläche liegenden Felsen. Und bald scharrte der Schiffsrumpf über die Steine und verlor dabei die Schraube. Das beschädigte Schiff füllte sich mit Wasser und sank am 27. September.
Das Wrack liegt in einer Tiefe von nur 14 Meter auf der Seite zwischen zwei unterseeischen Felsholmen. Durch diese geschützte Lage haben die Wellen den Schiffsrumpf trotz der geringen Tiefe nicht zerstören können, und das Wrack ist vorzüglich erhalten. Die Steuerbordseite des alten Küstentankers erreichen Sie bereits in acht Meter Tiefe. Vom relativ festen Grund aus kann man bei meist günstigen Lichtverhältnissen zum Wrack aufblicken, Bug, Heck und Aufbauten bewundern, einem seitwärts liegenden Mast folgen und sogar die Laderäume betauchen. Dazu folgt man einfach den Stahlleitern, die in die Tanks und Laderäume hineinführen. Weil das Schiff auf der Seite ruht, führen diese Leitern wie waagerechte Stege in den Schiffsbauch hinein, wo es regelrechte Pfade durch die Unterwelt des Wracks gibt.
Anker und Ankerwinde sind an diesem Schiff ebenso gut erhalten wie die Ruderanlage und viele andere Teile der Schiffstechnik. SANNY ist das ideale Wrack für Beginner oder auch Urlaubstaucher mit wenig Tauchpraxis. Ein Bilderbuchwrack, an dem Fotografen leicht mit dem puren Sonnenlicht arbeiten können, weil die geringe Tiefe Blitzlicht überflüssig macht. Trotz der Umbenennung wird das Wrack im Register der Tauchbasis als SANNY geführt.
Infos: Tauchbasis 22.

90. GÄVLE – Ein komplettes Schiff

MS GÄVLE war einst ein offizielles Forschungs- und Vermessungschiff der Schwedischen Seefahrtsbehörden. Das stählerne Motorschiff hatte 540 Tonnen Tragfähigkeit und war 52 Meter lang. Damit besaß es etwa die Größe typischer Küstenmotorschiffe. Das heutige Wrack ist komplett ausgerüstet und in einem sehr guten Zustand, weil GÄVLE kurz vor dem tragischen Untergang Werfttermin hatte und vollständig überholt worden war.

Links: Das Wrack der SANNY ist perfekt erhalten.
Rechts: Blick in die Kommandobrück der GÄVLE.

In jenen Tagen des Jahres 1973 hatten Kapitän Ulrik Holm und seine Crew den Auftrag erhalten, einige in See befindliche Messgeräte wieder zu bergen. Während der Aktion frischte der Wind auf und es blies mit 25 Meter pro Sekunde. In diesem harten Wetter rammte MS GÄVLE einen Unterwasserfelsen und Wasser brach ein. Es grenzt an ein Wunder, dass es dem Marine-Rettungskorps trotz dieser Windgeschwindigkeit gelang, alle Mitglieder der Besatzung zu retten. Später drehte der Wind, das Schiff zu bergen blieb unmöglich, und es sank in der Ålandsee in eine Tiefe von 18–30 Meter.
Das Wrack befindet sich heute im Besitz von Ingvald Eckerman, der in Zusammenarbeit mit Ålands Dykcenter Exkursionen dorthin anbietet. Mr. Eckermann war damals bei der Rettungsaktion mit dabei ... GÄVLE liegt etwa zwei Stunden Bootsfahrt vor Eckerö, und wer leicht seekrank wird, sollte diese Tour sehr überlegen.
Das Wrack ruht mit 40-Grad-Schlagseite am Meeresgrund, und wer sich an Deck halten will, hat permanent das Gefühl, in die Tiefe abzurutschen. Das Deck war wegen des rauen Wetters am Untergangstag offenbar mit Strecktauen verspannt worden und bietet viele Gelegenheiten zum Hängenbleiben. Zahlreiche Deckseinrichtungen sind mit Stahlseilen gesichert.
Das Heck mit Schriftzug und Propeller liegt nur 22 Meter tief, der Bug führt bis hinunter auf 30 Meter. Wenn man einen Blick in die Kommandobrücke wirft, so sieht man dort noch immer Kompass, Radar, Steuerrad, diverse Funkgeräte und viele andere Dinge. Für Fotografen kann GÄVLE das perfekte Wrack sein, denn eine manchmal heftige Strömung (bis 5 Meter pro Sekunde!) hält das Schiff frei von Sedimenten. Das Motorschiff ist vollständig und Brücke sowie Schornstein bieten von Deck aus gesehen die perfekte Silhouette.
Aber auch aufmerksames Beobachten des Seegebietes nach dem Tauchen lohnt. Sie sind hier so weit draußen auf der Ostsee, dass es immer wieder einmal Gelegenheit gibt, Robben zu sehen, die ihrerseits das Treiben der Taucher argwöhnisch beäugen. *Infos: Tauchbasis 22.*

VI. Reisehinweise und Tauchbasen-Adressen zu den beschriebenen Ostseeinseln

Fehmarn und Lübecker Bucht

Anreise: Nach Fehmarn reist man am leichtesten mit dem eigenen Wagen über das Autobahnnetz in Richtung Lübeck beziehungsweise Hamburg an und weiter auf der B 207 über die Fehmarnsundbrücke bis auf die Insel.

Infos und Unterkünfte: Insel-Information Fehmarn, Landkirchener Weg 2, 23769 Burg auf Fehmarn, Tel. 04371-868686, Fax 04371-868642, http://www.fehmarn-info.de

Tauchbasen:

1. *MS »Torvan«:* Katamaran, der auf ganztägigen Ausfahrten je zwei Wracks ansteuert. Da viele Ostseetaucher die komplette Ausrüstung dabei haben, stellt Skipper Müller nur die Flasche für den zweiten Tauchgang. Bei Buchung genau angeben, wie viele Flaschen, Blei oder andere Leihausrüstung benötigt wird. Imbiss an Bord.
   Wracktauchfahrten und Ferienwohnungen beim Käptn:
   Hans-Georg Müller
   Börnschlag 12
   23769 Landkirchen a. Fehmarn
   Tel.: 04371-9211, Fax: 04371-503804

2. *Campingplatz Miramar/Fehmarnsund:* Campingplatz mit supermoderner Füllanlage für Taucher, Tel.: 04371-3220, Fax: 04371-6907

3. *Tauchschule Calypso:* Auf dem Campingplatz Wulfener Hals, Füllstation, begleitete Tauchgänge, Ausrüstungsverleih, Tauchen im Fehmarnsund vor der Basis. Tel.: 04371-6314, Fax: 04371-863810.

4. *Tauchbasis Katharinenhof:* Tauchbasis im Stile eines Urlaubs auf dem Bauernhof, Hund, Katzen, weitere Tiere, Füllstation, Tauchschule, begleitete Tauchgänge, Ferienwohnungen.
   Hans-Christian Tietgen
   Dorfstr. 27
   23769 Katharinenhof
   Tel.: 04371-5493
   Fax: 04371-6468

5. *Tauchshop Calypso:* in Heiligenhafen im »Alten Rettungsschuppen« des Hafens, kurz vor der Fehmarnsundbrücke, Tauchladen, Füllstation, Tel.: 04362-7577 Fax: 04371-4311 und 0172-9755714

6. *Tauchsport-Zentrum Timmendorfer Strand:* Strandallee 143, 23683 Scharbeutz, Tel. 04503-889999 oder 04503-899996, Fax 04503-889997, mobil 0171-3468771, e-mail: Tauchsport@t-online.de. Wrack- und Naturtauchgänge in der Lübecker Bucht, Ausbildung.

7. *Tauchservice Seebär:* Grote Bleken 11, 23560 Lübeck, Tel. 0451-805844, Fax 0451-805845, e-mail: sebaer@ts-sebaer.de. http://www.ts-seebaer.de, Wrack- und Naturtauchgänge in der Lübecker Bucht, Ausbildung.

8. Big Blue Tauchbasis: Gärtnerstr. 48, 20253 Hamburg, Tel. 040-4014941, http://www.tauchbasis-bigblue.com, jedes Wochenende andere Ostseetauchplätze sehen mit Bigblue.

Rügen

Anreise: Über das Autobahnnetz nach Norddeutschland beziehungsweise Rostock und dann über die B 105 oder B 96 nach Stralsund und über den Rügendamm auf die Insel.

Infos und Unterkünfte: Über die Tauchbasen und die Fremdenverkehrsämter Ihres Wunschzieles, keine zentrale Vermittlung.

Tauchbasen-und Schiffe:

9. *MS ARTUR BECKER,* Kapitän Hanke, Yachtweg 3, 17493 Greifswald, Tel.+Fax 03834-840147, mobil 0171-3224607, e-mail: office@artur-becker.de, http://www.artur-becker.de.

10. *Tauchbasis Arkona,* Andreas Grundmann, Goor Haus Nr. 4, 18556 Puttgarten, Tel. 038391-12922.

11. *Wolfgangs Fundgrube,* Proraer Chausse 50, 18609 Prora, Tel.+Fax 038393-2406, mobil 0172-385181, e-mail: Wolfgangs. Fundgrube. Prora@t-online.de.

12. *Hotel zur Taucherbasis Dänholm,* OHG Arnhold&Dufke, Dänholm Haus 93, 18439 Stralsund, Tel.+Fax 03831-297090, Fax 03831-297099, e-mail: Hotel-Pension-Daenholm@gmx.de.

13. Tauchsportschiff FRITZ REUTER, Tel. 05254-808500, Fax 05254-808501

14. MS BRIGITTE, Mole Saßnitz, Bordtelefon und Fax 0161-1527908, Reederei Rainer Weise, Tel. 038 391-12187

15. Schönis Tauchschule, Nordstrand 2, 18586 Göhren,Tel.+Fax 038303-86276, e-mail: schoenis-Tauchschule@exmail.de.

Bornholm

Anreise: Nach Bornholm reist man am günstigsten mit dem eigenen Wagen, der dann auch auf der Insel für Tauchaktivitäten von Land aus notwendig bleibt. Über das Autobahnnetz und die B 96 fahren Sie nach Stralsund und weiter auf die Insel Rügen. Ab Saßnitz und Neumukran können Sie mit verschiedenen Fährgesellschaften nach Bornholm übersetzen, Fährzeit rund vier Stunden.

Fährenbuchung in Deutschland: Bornholm Ferries/Bornholms Trafikken: Fährhafen Saßnitz, Tel. 038 392-35226, Fax 038 392-35221, http://www. bornholmferries.dk.
Scandlines Hansa: Tel. 038 392-64420, Fax 038 392-64429, http://www. scandlines.de.

Infos und Unterkünfte: Bornholms Velkomstcenter, Nordre Kystvej 3, DK-3700 Rönne, Tel. 0045-7023-2070, Fax 0045-5695-9568, http://www. bornholminfo.dk.

Tauchbasen:

16. Dykker Fakultet: Krakvej 5, Dk-3790 Hasle, Tel. 0045-5696-9695 oder 0045-2167-9128 oder 0045-4926-5263, http://www. dykkerfakultet.dk, e-mail: fakultet@isa.dknet.dk. Tauchbasis, Wracktauchfahrten, Ausbildung, Tech- und Mischgastauchen.

17. Hullehavn Camping: Sydskovvej 9, DK-3740 Svaneke, Tel. 0045-5649-6363, hier nur moderne Füllstation von Mai bis September.

18. Tauchclub Calypso Rönne: am Lystbadehavn, nahe am Fährterminal, Kontakt über Per Siebeneicher, Kuregardsvej 11, Dk-3782 Klemensker, Tel. 0045-5696-6634, Sportclub, der Infos gibt und für Gasttaucher füllt.

Gotland

Anreise: Für eine Reise nach Gotland können Sie ab Rostock oder Travemünde mit der Autofähre nach Trelleborg in Schweden übersetzen. Dort liegt eine Autofahrt von rund 400 Kilometern vor Ihnen, bis Sie den Fährhafen Oskarshamn erreichen, von dem das Schiff nach Visby auf Gotland abfährt.

Fährenbuchung in Deutschland: TT-Line, Tel. 040-3601442, Fax 040-3601407. TT-Line vertritt die Gotlandfähren der Reederei Destination Gotland auf dem deutschen Markt und Sie können ein günstiges Durchgangsticket für beide Fährpassagen erhalten.

Infos und Unterkünfte: Gotlands Resor, Färjeleden 3, SE-62158 Visby, Tel. 0046-498-201260, Fax 0046-498-201270, e-mail: mg@gotlandsresor.se, http //www. gotlandsresor.se.

Tauchbasen:

19. Linda Hansson, Visby Dykcenter St, Hansgatan 35, S-62156 Visby, Tel.+ Fax 0046-(0)498-284842, mobil 0046-(0)70-5873306, http://www.visby-dyk.com, e-mail: bbuuzzoo@hotmail.com, Ausbildung nach PADI, Wochenendtauchfahrten, Wracktauchfahrten, Flaschen- und Ausrüstungsverleih, Füllstation Luft 200 und 300 Bar.

20. Kjell Andersson, Tors Gard bei Bro: 62153 Visby, Tel. 0046-(0)498-277425, mobil 0046-(0)709-254277, e-mail: kjell@torsgard.com, http://www. torsgard.com, e-mail: kjell@gotlandica.se, Vermietung von Ferienhäusern, Abenteuerzentrum mit Kletterwand, Möglichkeiten zum Bogenschießen und Reiten, Wracktauchfahrten, Füllstation Luft und Nitrox 200 und 300 Bar.

21. Slite Dykservice. Kajutan am Hafen von Slite, Tel.+Fax 0046-(0)498-220477, mobil 0046-(0)70-6691286, Taucherarbeiten, Füllstation Luft

Åland

Anreise: Die schnelle Variante ist ein Flug Deutschland–Stockholm, von dort mit dem »Inselhopper« weiter zum Flughafen Mariehamn. Die Tauchbasis organisiert Unterkünfte und Transfer.

Die ruhige, vielleicht auch (keine Übergepäckgrenzen!) als komfortabler empfundene Variante ist die Anreise mit dem eigenen Wagen. Fährschiff ab Rostock oder Travemünde nach Trelleborg, Autofahrt durch Schweden über Stockholm bis Kapellskär oder Grisslehamn, von dort Autofähre nach Mariehamn oder Eckerö.

Fährenbuchung in Deutschland:
TT-Line Deutschland nach Schweden: Tel. 040-360 1442-446
Viking Line Schweden-Åland: Tel. 04502-4097; 4098; 4099

Infos und Unterkünfte:
Ålands Resor, Box 62
FIN-22101 Mariehamn
Tel. 00358-18-28040
Fax: 00358-18-28380
http://www.alandsresor.fi
e-mail: info@alandresor.fi

Pro Nord GmbH
Keplerstr. 5, 69120 Heidelberg
Tel: 06221-484058
Fax 06221-437825
Mobil 0177-7767011

Tauchbasen:

22. *Ålands Dykcenter:* Richard Johannson (spricht deutsch), Skillnadsgatan 61, FIN-22100 Mariehamn/Åland, Tel.: 00358-18-17080, Fax 00358-18-41880, http://www.aland.net/dykcenter, e-mail: richard@dykcenter.aland.fi

23. *Segeln und Tauchen mit dem Schoner Nordboen:* A. Palmer Sailing AB Ltd., Torggatan 19, FIN-22100 Mariehamn/Åland, Tel. 00358-40-7213808

24. *Tauchbasis am Hotel Brudhäll:* Robert Karlmann, FIN-22730 Kökar/Åland, Tel. 00358-18-55955, Fax 00358-18-55956

Die eigene Insel

Es ist ja möglich, dass Sie dem Inselzauber erliegen und zeitweise oder für immer auf einer eigenen Insel leben möchten. Nachfolgend genannter Anbieter vermietet und verkauft Inseln in allen sieben Weltmeeren, vom kargen Felsinselchen bis zum Luxusresort. Träumen Sie ruhig ein wenig:

Vladi Private Islands, Tel 040-338989, Fax 040-33 0081, Ballindamm 7, 20095 Hamburg, http://www.vladi-private-islands.de, e-mail: info@ vladi-private-islands.de.